U0015935

父母親

結婚典禮（1970）

攝於東北大學第二外科(1973)

懷抱廖姓連體嬰

忠仁忠義慶生

約翰霍普金斯大學校園(1988)

辛辛那提大學研究期間遊長木公園(1981)

獲選十大傑出青年(1979)

獲頒行政院傑出科技榮譽獎(1980)

就任醫學院院長（1991）

接任小兒外科醫學會理事長（1980），右二洪文宗，右一賴鴻緒

宣示就任台大校長(1993)

接校長聘書(1993)

第一次訪問中國，參加協和醫科大學75周年紀念(1992)

就任台灣醫學會理事長(1995)

與牛津大學校長Peter North簽約(1995)

簽署台加高等教育合作協議(1995)

與北大校長吳樹青簽署兩校合作備忘錄(1995)

尊賢館簽約儀式——開啓企業捐贈大樓之先例

接任台大景福基金會董事長(2006)

總統科技諮詢委員會委員與陳水扁總統合影

就任新評會主任委員(第二任，2004)

北大百週年校慶「世界大學論壇」發表演說(1998)　聯合知識庫/提供

校長卸任交接（2005）

校長卸任惜別茶會（2005）

全家福(2008)

溪頭植樹

全家福（1990）

聯合知識庫/提供

帶領師生清掃校園

為收回八一七醫院與師生一同靜坐

聯合知識庫/提供

在合歡山東峰合影

志同好友-陽明山

嗜好登山——合歡山東峰

陳維昭回憶錄

在轉捩點上

口述：陳維昭
整理：毛瓊英

譽滿杏林　勳猷並懋

司法院院長　賴英照

維昭校長是一個不平凡的人。

他的不平凡，從小就顯現出來。神岡小學六年級，維昭十二歲，擔任班長，爲了感謝張子邦老師免費爲大家補習的辛勞，自動發起樂捐，請參加補習的同學，拿一點錢出來做爲束脩，同學欣然配合，無人異議。小小年紀，就是這麼懂事，這麼有領導力。

小學畢業，維昭是全校唯一考上台中一中的學生。初中第一年，這個剛進城，略顯羞澀的小孩，竟然一鳴驚人，拿下台中市演講比賽總冠軍。唸完初中，順利獲得保送；往後三年，年年是台中一中全校第一名的資優生。原以爲可以如願保送台大醫科，卻不知什麼原因分發到台大化工系。他毅然放棄保送，參加聯考，以四八九分的高分進入醫科，是當年全體考生的第三名。

台大醫科畢業，服完兵役後，開始在台大醫院行醫。每天早上七點半上班，一連串的開會、開刀、看診、會診，「幾乎除了睡覺就是工作」。但是維昭仍然擠出時間，勤修日文，一舉考取日本公費留學，獲得日本文部省（教育部）獎學金。

一九七二年四月，維昭負笈日本東北大學，九月間初試啼聲，通過日本全國醫師資格考試，讓日本學生大爲嘆服。次年十二月，維昭完成醫學博士學位。他的博士論文，先登上美國權威醫學期刊：《代謝》（*Metabolism: Clinical and Experimental*），後來更獲得日本傑出學術論文獎：桂賞。外國學生能獲此殊榮，誠屬難能可貴。

維昭求學深造的歷程並未就此結束。一九八一年他以客座副教授的身分，到美國辛辛那提大學研究靜脈營養學。一九八八年維昭已是台大醫院副院長了，但爲了讓醫院管理更上層樓，他隻身赴美，到約翰霍普金斯大學研讀「醫院行政及管理」，一年後拿到碩士學位；三年半之後，獲頒傑出校友獎，表彰他對公共衛生醫學的貢獻。

台灣鄉下小孩，不但在台灣表現不凡，到日本、到美國，一樣傑出耀眼。

事業上的成就，無論是醫學或是教育，維昭更是不凡。一九七九年九月，台大醫院順利完成「三肢坐股連體男嬰」的分割手術，讓忠仁忠義重獲新生，維昭是貫穿全局的主治醫師。他是台灣靜脈營養學的開拓者，是全國十大傑出青年。他是第一位由醫學院民選產生的台大醫學院院長，也是首任經由台大普選產生的校長。在兩年院長和十二年校長的任上，正逢台灣社會由戒嚴到解嚴，由管制到開放，新舊交替之間，民主思潮澎湃，街頭運動頻仍，一向寧靜的校園，因而暗潮洶湧。維昭站在轉捩點上，發揮安定的力量，並且在安定之中，勉力完成許多建樹，包括建立教學、研究的評鑑制度，收回校地、再造校園，廣募建校基金，設立科際整合平台，擴大國際學術交流，捍衛學術自由，及其他諸多興革，都有可圈可點的表現。

維昭的成功，固然得力於聰明、圓融及過人的記憶力，但更得自於他的努力認眞。小學五年級，他開始收起愛玩的心，「經常早上起來，到附近土地公廟前面的小廣場讀書，一面走一面背」；上了台中一中，「常常早起，帶著書本到田邊」研讀，連鄰居都稱讚「陳（文強）老師的兒子金認眞」！到了台大醫科，還是「穩紮穩打」，一本書先快讀一遍，理出整體架構，「再細細畫重點，直到全部精通爲止」。醫科七年級成爲實習醫師，「一切從基層做起，……我求知若渴，每天在醫院中像海綿般大量吸收各種學習管道」。

在日本東北大學，維昭追隨葛西森夫教授（Prof. Kasai Morio），更是「兢兢業業，全力以赴」。當時他和許多單身同學住在一起，「小小斗室之中，常常只有我獨自挑燈苦讀的身影」。爲了做靜脈營養學的研究，必須以狗做實驗，但是在狗身上打點滴，「導管放入狗的血管之後，狗會亂跑亂動」，導管很快就掉了。維昭苦思對策，終於「設計了一件狗背心，把點滴管固定在背心上，不管狗怎麼跑跳」，都不易脫落。有了「陳氏夾克」的幫忙，實驗順利許多，但「經常忙起來不能停，一直到晚上十點、十一點」才回家吃晚飯。一向以勤奮著稱的日本房東，都要由衷佩服維昭的認眞。

維昭一生行事，始終奉行「凡事豫則立，不豫則廢」的座右銘。對於轟動國內外的忠仁忠義分割手術，他有這樣的觀察：「從摸索開始，經過反覆的檢查、研判研究、討論、沙盤推演，以最好的準備做最壞的打算，寧可多花一分的時間準備，也不貿然開刀，因此一切狀況都在我們的掌控之中，能將當初預估手術成功的百分之五十，提升爲百分之百，事前周密的準備和妥善的安排是主要因素，也是『凡事豫則立，不豫則廢』的最佳寫照。」

年近半百，隻身到約翰霍普金斯大學讀學位，有人問他從教授變學生，如何調適？如何在一年內完成學業？維昭如此回答：「我的方法依然是相信『凡事豫則立，不豫則廢』，先做好妥善計畫是成功的必要條件，然後全力以赴，面對困難壓力也絕不退縮。」

因此，不論是台大醫院的搬遷，校地的收回，人事爭議的處理，或是教師評鑑制度的建立，件件都是既複雜又艱辛的工作，但件件都能夠順利完成，其中原因，正是事先周密的準備。這種認眞敬業的事例，在這本回憶錄中，可謂俯拾皆是。

認眞敬業的底層，我們看到維昭的赤子之心與無私的大愛。日本學成回國不久，剛巧有機會爲一個膽道閉鎖的嬰兒動手術，維昭發揮所學，成功的完成手術。但出院幾個月後，小嬰兒突然發高燒送回急診室。維昭「廢寢忘食，不眠不休了好幾天」，卻無法挽回小生命。他難過地向家屬致歉，說完就「癱在沙發上，不由自主地落下淚來」。

醫科七年級，維昭在急診室實習。一個冬寒夜裡，救護車送來一個服毒自殺的中年婦人，負責照顧她的竟是八十歲的老祖母。這位老祖母身上抱著小嬰兒，身旁還有兩個稚幼的男孩。原來婦人的丈夫經商失敗自殺身亡，婦人悲痛難抑，服毒輕生。急診室裡，嬰兒大聲哭鬧，小男孩頻頻呼喚母親，婦人依舊昏迷不醒，小男孩放聲大哭。目睹斯景，維昭「抱起血壓計快步飛奔回休息室，心思澎湃，久久無法平復」。他凜然自省，發憤盡心盡力，要救助那些最爲無助的病人。

事實上，維昭行醫數十年，救人無數。當他看到一個無肛症的小孩，生在貧寒之家，付不起醫藥費，阿嬤決定放棄，要孩子的阿爸「回去再生一個好了」，他忍不住嚴詞要求家長負起責任，並且承諾幫忙籌錢；小生命因此救了回來。

有一次他坐火車往苗栗新生醫院看診，車上聽到服務人員的廣播，原來一個十月大的嬰兒突然抽筋，眼睛翻白，臉色發黑，母親嚇得大叫。維昭立即趕過去做緊急處理，小嬰兒不久便恢復正常。類似的例子，究竟有多少？維昭自己也記不清楚，因爲他從不放在心上。維昭是以實際行動，體現「無緣大慈、同體大悲」的大愛。

慈故能勇。維昭慈悲的胸懷，在行醫之外，更化成無私的勇氣，在關鍵時刻堅守原則，不計個人毀譽。一九九一年十月，「一百行動聯盟」發起大規模的抗爭行動，許多師生在台大醫學院靜坐，大批警力奉命到場執法，雙方劍拔弩張。維昭身爲台大醫學院院長，各方壓力排山倒海而來，維昭卻始終堅持捍衛學術尊嚴，保護師生安全。在警方執行驅離行動的緊要關頭，他對著警察大喊：「你們絕不可以動李鎭源教授一根汗毛，否則就是對學術最大的污衊！」。

爲了收回校地，他不惜和學生一起參加守夜靜坐活動，爭回八一七國軍醫院的土地；也可以晚上到徐州路台北市長官邸，站在門口等市長回來，懇求他如期執行拆遷工作，因而順利收回第二活動中心的校地。爲了學術自由，他力抗外界壓力，毅然將軍訓和護理課改爲選修。爲了不讓教授蒙受不白之冤，特別成立專案小組，調查「台大哲學系事件」，並依據調查報告爲當事人平反。一九九八年五月，他到大陸參加北京大學百年校慶活動，主辦單位安排參加會議的學者，前往人民大會堂與江澤民主席見面，坐上巴士之後，維昭從座位表上發現，台灣去的校長都和港澳大學校長一起坐在最後一排，他毅然脫隊，獨自走回旅館。這些事情，都可看到維昭堅守原則的勇氣。

二〇〇〇年總統大選，三黨候選人都看上維昭，有人邀他擔任副總統候選人，有人請他以醫界大老的身分站台助選，也有人要他參加國政顧問團。維昭一一婉拒，因爲他要以身作則，展現大學校長堅守學術中立的風骨。

卸任校長之後，二〇〇八年的總統大選，維昭仍然婉拒出任副總統候選人。大選之後，總統再邀他擔任駐日代表及總統府國策顧問等職，維昭仍然沒有點頭。對於俗世的功名，他淡泊而豁達。「永憶江湖歸白髮，欲迴天地入扁舟」，到了這個境界，維昭選擇把更多的時間留給家庭。

維昭膝下一兒一女，都留學美國，右昇克紹箕裘，懸壺濟世，幼宜是知名法律事務所的大律師，媳婦也是執業醫師，皆卓然有成；兩個小孫子活潑逗趣，一直是全家的開心果。夫人唐香洋女士，更是維昭的最佳伴侶。

香洋系出南投望族，雍容秀麗，樂觀開朗，在大學主修音樂，能書能畫，兼擅各種美術工藝。她原在中學任教，但一九七〇年元旦結婚之後，「香洋依循當時婦女三從四德的傳統，毫無二話的辭去教職，計劃未來扮演好相夫教子的角色。她非常清楚外面的世界是屬於先生的，她不會過問我的事，只求做好家裡面的一切，讓我沒有後顧之憂」。維昭在東北大學讀博士的時候，香洋除了「做好家裡面的一切」，還陪他去實驗室，雖然「香洋是看了血都要昏倒的人」，卻成為維昭最得力的開刀助理，時常「我們同心聯手，順利完成當日手術」。忠仁、忠義分割手術那天（一九七九年九月十日），香洋惦記維昭整日忙碌，一定沒有進食，就在家裡燉好雞湯，悄悄送到台大醫院。後來維昭隻身在約翰霍普金斯大學進修，卻發現自己煮的飯是灰色的，維昭百思不解，只好越洋電話打回台北，香洋問明來由，當下指點迷津：先把米淘洗乾淨再下鍋，煮出來的飯就是白的。由此可見香洋數十年來，果眞是負責盡職，「做好家裡面的一切」！

《陳維昭回憶錄》是一部成功的台灣故事。一個鄉下小孩，出身平凡的家庭，憑著努力，走出一條不平凡的路。一路上，維昭總在關鍵的時刻，在大是大非的轉捩點上，做出重大的貢獻。因此一路走來，譽滿杏林，勳猷並懋。茲值維昭七秩嵩青，壽星翁決定把他的人生錦囊，金針度人，雖然只是素描，卻是奇峰競秀，繁花似錦，美不勝收；其中諍言大義，尤其足以惕勵來者，啓迪後昆，爲莘莘學子的漫漫人生路，增添一座明亮的燈塔，也爲台灣的未來，創造更多成功的故事。

純淨、自主、邁向頂尖大學——對歷史負責

國立台灣大學校長　李嗣涔

一九九六年六月，當時我是電機系教授，有一天突然接到陳校長來電，要我去校長室一趟，心想校長找我不知道有什麼事？相談之後才知，原來陳校長要我考慮接任教務長。我當時只有四十四歲，與陳校長素無私交，行政上只有電機系系主任的經驗，對於能否承擔教務長的重責大任並沒有把握，因此希望有幾天時間考慮，並且請教了陳校長，教務長要推動的最重要的事情是什麼？他告訴我是系所評鑑、課程評鑑等可以提升台大教學研究水準的基本制度。考慮了幾天，我答應接受挑戰。

從一九九六年八月就任教務長開始，我認眞地執行他交付給我的任務，直到二〇〇二年卸任。這六年當中，我近距離的觀察陳校長，可以感覺到他把全部的生命都投注在台大校長的職務上，無時無刻不在思考如何改善台大的教學、研究各項軟硬體基礎建設，如何帶領台大邁向頂尖大學。很

榮幸在那六年，我在教務方面替他完成了理想。他對部屬（尤其是我）賦予完全的信任與支持，更替我擋掉很多困擾。我也觀察到校長沒有自己的班底，用人唯才，我謹記他的風格，延續至今。更重要的是，他常在文章中宣示大學的純淨、自主、對歷史負責，理想崇高，足以奉為大學治理之圭臬。

陳校長是台大第一任民選校長，十二年任內歷經種種外在的社會政治急遽變動及內部校園民主化的動盪，感受極為深刻，因此主張政治退出校園、維持校園純淨。陳校長力行不渝，所以後來不再邀請政治人物出席重要慶典講話。在人事自主權方面，如台大醫院院長的任命，即使有總統的關切，他也不為所動；這些事例都為以後的台大校長立下典範，理當時時自我警惕。

而陳校長當年努力促成的「邁向頂尖大學計畫」，對台大的發展更有極為深遠的影響。我們現在可以很有信心的宣稱，台大整體的表現在某些評比中已經接近世界百大，某些領域則已經進入世界百大、甚至進步到五十大。

我從陳校長身上還學到一件事，就是辦大學要有歷史眼光。以教官退出校園這件事為例，陳校長肯定教官在維護校園安全上的貢獻，但是採取教官遇缺不補的政策，讓時間來解決問題。的確，回溯歷史軌跡，英國牛津大學超過九百年、劍橋大學超過八百年，中間歷經多少王朝更迭，但大學依然存在。而一百年後的台灣大學，應該已經是世界名校了，難道還要有軍人在校園裡？因此從歷史的眼光來看，我們的選擇是很明確的。

陳校長的回憶錄替台大由官派轉成民選校長，此一變動劇烈的十二年留下了一個完整的歷史。我受到陳校長提攜，有幸參與其中的六年，並接任他的工作，對此感到無比的榮幸與責任。他在回憶錄中提到的很多辦學理念，將深深的影響下一代的辦學者。

自序

一九五八年，我考上台大醫學院，成爲台大人。二〇〇五年，我從台大校長卸任，兩年後再從台大正式退休。幾乎半個世紀的時間，在台大求學、行醫、工作……，那無疑是我生命中最爲美好的精華歲月。

我生長在台中純樸的鄉下，父親是一位小學老師，全無顯赫的家世背景。無憂無慮的童年過完之後，初中、高中一路認眞踏實地讀上來，考進人人稱羨的台大醫科，雄心萬丈地希望在台灣這所最高學府，完成自己的夢想。

醫科七年讓我悠游在學海之中，習得了作爲醫師的一切必要的基本功夫。畢業後，留在台大醫院擔任住院醫師、主治醫師等職。接下來結婚生子，繼又赴日進修攻讀博士，努力追求更高的教育與訓練，希望自己益愈精進，更上層樓。

沒想到，在取得東北大學醫學博士學位之後，因爲台大表示無缺可以聘用，讓我一時陷入不知何去何從的窘境。正猶豫於「繼續留在日本」或「回台灣到其他醫學院教書」之間舉棋不定的時候，突然又接到台大醫學院院長的來信，徵詢我回台大的意願，我立即從日本直奔回台大。從此一直歡喜地待在台大，再也不曾轉換到別的地方。

一九七九年，因緣際會下，我成爲眾所周知忠仁、忠義兩兄弟的主治醫師。因爲這樣的機緣，使我獲得許多與來自不同領域的醫療團隊溝通、協調、規劃的經驗，也因爲必須經常面對媒體，從而和他們建立了良好的關係。如今想來，這眞是磨練一個人成長最好的方式。

八年後，又意外地走上行政之路。台大醫院林國信院長突然徵詢我出任台大醫院副院長的意願，還要派我出國進修醫院管理。他表示這是醫學院大老們討論後的共識，而我就是他們一致推薦的人選，聆訊當下，眞是讓我受寵若驚。於是以近五十歲的高齡，隻身赴美，到約翰霍普金斯大學攻讀醫院行政與管理。

從美國回來第二年，適逢史上第一次台大醫學院院長遴選，同學和許多同輩醫師都主張中生代也要有代表參加，因爲我是醫院副院長，職位最高，就被他們推舉出來參選，更沒想到的是竟然被選上了。在講傳統、重輩分的台大醫學院裡，五十歲的我要如何帶領醫學院，也引起許多人的好奇與關注。

醫學院院長當了兩年，我致力醫學教育的改革、研究水準的提升以及醫學院與醫院之間的整合等重要工作，增加了更多歷練的機會，還親身經歷了「一百行動聯盟」在醫學院大廳門口靜坐的抗議事件。

緊接著，我遇到台大有史以來首次舉行的校長遴選。當時各學院都有候選代表，同仁覺得醫學院不能缺席，院務會議討論結果推薦身為院長的我出來代表。結果，我又在眾多各領域中最優秀的參選人中出線，成為台大第一位民選校長——這是我自己都從來沒有想到的事。

十二年的台大校長任內，正是台灣社會、政治、經濟急速變動的時期，譬如校園因民主化而有的動盪、大學經費的緊縮、知識經濟造成國際競爭加速、政黨輪替後作法的調整……。這期間，我確實遭遇許多艱難險阻，幸賴同仁、朋友的同心協力，各方人士的鼓勵支持，以及國內各大學之間的團結合作，讓我能將校務順利的繼續推動，也從而讓台大及台灣的學術水準不斷往上提升。

回首前程，能在台大這樣自由、開放的環境中工作，和校內、外充滿熱情、理想的世界一流人才為伍，成為工作伙伴，每次回想起來都覺得十分幸福、光榮；我對擁有這樣的經歷和機緣，更感到無比的珍惜。

我一生做任何事——不論求學、教書、看診、研究、擔任行政，自信都是努力、認眞的。但我由衷地體認到，我之所以有這樣的「生命風景」，卻並不全然來自於一己的努力與認眞——其中還有太多前輩的提攜、朋友的協助、政府的栽培、時代以及生命中奇妙的機緣際遇——這所有力量的匯聚，推促我完成如此豐富的生命歷程。我因此深知珍惜、深覺感謝、深懷謙恭，並因此知道何所當爲、何所不當爲。而隨著年齡的增長，除了一貫不懈的努力、認眞，以及上述所有的收穫外，我的心境愈來愈朗豁平和，我的思慮愈來愈澄明清澈。我其實還是一樣的忙碌，可是我卻覺得非常輕鬆閒適——這種感覺眞是無限美好。

我所走過的歲月，其實也正見證了七十年來台灣社會的變遷。在七十年中的前五十年，台灣社會雖然經歷許多陣痛，但人們並不迷惘、並不失落。目標、價值都那麼清楚、明確，人們只要努力打拼、力爭上游，都可以有美好的果實擷取。近二十年，台灣在各種發展前景中都遭遇極大的挑戰，社會上充滿迷惘、失落感的人也愈來愈多。我並沒有過人的智慧能提出改善的妙方，但我覺得，也許只要人人澄淨自我，學習前五十年中那簡單、明確、眞誠的原則與價值，我們或許就能漸漸恢復內心的篤定、沉穩，找到我們應有的方向、目標。一如我前面所述，個人努力、認眞地面對每一個生命階段，無需預想、無需強求，各種有益有助的因緣際會，自然就會輻輳而來。其實我之所以不揣疏陋，勉力完成此一回憶錄，一方面是爲了對自己有所交代；一方面也是爲我所屬的時代以及我輩之人留下記錄；當然，更希望能對後起者有所啓發——幫助他們知道如何經營自己的生命，走出迷惘與失落。

在七十歲來臨的前夕，能完成這本回憶錄，最濃最眞的心情，畢竟還是「安慰」。在此，要特別感謝賴英照院長的鼓勵、毛瓊英小姐的協助、何寄澎先生和林載爵先生的支持。沒有他們，這本書不可能完成、出版。

目次

童年（右一）

父母親

兒女與其他小朋友在老家門前合影

張子邦老師（中）

幼稚園（前排左五）

1

神岡鄉樸實的農村風光，
配上藍天白雲和綠油油的青草，
孕育了我喜愛自然和生命的情懷。
可惜戰爭依然帶來極大的威脅，
每當空襲警報的聲音響起，
父母親拉著一家老小飛奔躲入附近的
防空壕裡去。
有一回，人還沒逃進防空壕呢，
一顆子彈就從父親頭上
不到五十公分的地方飛過去……

第一章 烽火中誕生的男孩

動盪的大時代

我是一個出生於普通家庭的鄉下孩子，在動盪、艱困的大時代中成長，雖然物質條件缺乏，卻也有與自然爲伍的快樂。這使得我從小就有惜物敬天的觀念。也和家人一樣，在困苦的環境中，持守樸實、堅忍、勤奮、誠信、樂觀的信念，這亦是我畢生做人做事的準繩。

在我出生的前兩年(一九三七年)，日本入侵中國，開啓了第二次世界大戰的戰端，當時台灣正受日本統治，因爲中日戰爭的影響，無可避免的進入戰時體制，實施經濟警察制度，所有物資都必須經過嚴格的分配管制，民眾生活的艱苦可想而知。

我的家鄉位於現今台中縣西北部山明水秀的神岡鄉，清朝康熙年間曾是台灣中部的開發中心。日據時代稱爲神岡庄，擁有許多寶貴的歷史古蹟和勤奮的農民，生活一向可以自給自足，但是在面臨了日本政府的物資管制之後，百姓的生活因此受到嚴重的衝擊，不時要以地瓜葉、番薯來果腹，市井更顯蕭條。

兩年後，亦即一九三九年，德國閃電襲擊波蘭，第二次世界大戰於焉爆發。一時之間，世界各國無一倖免，生靈塗炭，死傷無數，不知改寫了多少家庭的命運。我出生於二次世界大戰爆發的這一年冬天，雖然外在環境艱難，但是仍在父母的盼望中誕生。我是家中繼女兒之後的第一個男孩，家中還有祖母與我們同住，三代同堂，其樂融融。

「先生」世家

我的父親是陳文強，家族原本就是醫生、老師世家，許多叔伯堂哥都被鄉人尊稱爲先生。我父親年輕時是村裡唯一考上台中一中的優秀人才，但是後來因爲祖父過世，家中經濟受到影響，父親必須休學，在中藥房當了一陣子學徒之後，考進台中師範學校。行醫的路被阻斷了，他成爲神岡國小的一名教師，領著微薄的薪水。雖然一樣被稱爲「先生」，但是這對進取心強烈的他來說，多少是一種遺憾。因此在我出生的時候，我父親便希望這個孩子未來會是不同的「先生」，會是幫助別人、醫治別人的良醫。

時光飛逝，襁褓中的我從牙牙學語長成了幼童，天性十分活潑好動。家中的弟妹也相繼出世，我開始當起大哥，要擔負照顧弟妹的責任。原本的小家庭人口逐漸增多，給祖母、爸媽住的兩間臥房的小房子越發擁擠了，孩子們只能擠在通鋪上睡覺。

擁擠的房子我倒不怕，因爲外面的天地無限寬廣，足以供我們優游。我家後頭有一條清澈小河，我常和鄰居、親戚等玩伴一起在裡面戲水，媽媽和村裡的婦女則會一面在這裡洗衣服、一面閒話家常，兼看孩子們嬉戲。神岡鄉樸實的農村風光，配上藍天白雲和綠油油的青草，孕育了我喜愛自然和生命的情懷。

距離我們家一兩百公尺遠的地方還有一塊菜園，爸爸爲了節省菜錢，特意在教書之餘撒些菜種，要我邊看邊學。後來，待我力氣夠大了，就得幫忙父親從家裡挑肥到園裡施灑。我跟著父母親忙進忙出，看著小小的菜苗經過辛勤地施肥、澆灌，而能長成翠綠飽實的空心菜、小白菜，心中和爸媽一樣充滿歡喜。

可惜不是每天都有太平的日子可過，戰爭依然帶來極大的威脅，每當空襲警報的聲音響起，父母親會立刻丟下手中的一切，拉著一家老小飛奔躲入附近的防空壕裡。有一回，人還來不及逃進防空壕，一顆子彈就從父親頭上不到五十公分的地方飛過去，在附近的牆壁上留下了一道又深又大的彈孔。大家都嚇得面色如土，全身顫抖。所謂子彈不長眼睛，如果父親受了傷，發生了任何意外，那麼我們家的命運會立刻不一樣了。

幸好，讓百姓惶惶不安、逃警報、躲防空壕的日子終於結束了。一九四五年，美國以兩顆原子彈投向日本長崎、廣島，迫使日本投降，正式終止了二次世界大戰。戰敗的日本，將台灣交還給國民政府。我夾在鄉民中，目睹附近的日本軍人陸續離開，從中國大陸來的軍人相繼過來安頓，心裡感受到世事的無常和變化。我也在第二年正式進入國小就讀，成爲神岡國小的學生。

叛逆的童年

父親是小學老師，一般老師對兒女的管教都更加嚴格，他在這方面倒是很寬鬆，也許從小處看我的發展讓他放心，父親幾乎不特別管我。戰爭的陰影解除了，我終於可以正常的享受童年。純樸的鄉下沒有娛樂，附近的廟宇偶有布袋戲的演出，這就成爲孩子們最大的樂趣。

當鑼鼓喧天，布袋戲臺子前面擠滿了人潮，我和玩伴們也圍在臺前，眼睛直盯著關公布偶揮舞著大刀，轉都不會轉。三國演義裡忠孝節義的故事，出神入化的打鬥，天底下有比布袋戲更好看更有趣的表演嗎？我腦子裡都是關雲長打鬥的情節，上課時也想和鄰座的同學照樣比劃；於是兩人削了竹籤，就在課堂上即興演出。當時正在講台上講課的陳雅雲老師，也是我陳家的親戚，正背過身子寫黑板，我就和鄰座同學用竹籤你來我往的廝殺著，模仿布袋戲裡的勇猛動作，惹來全班竊竊的笑聲。老師回過頭，我們立刻機警地藏起竹籤，裝作若無其事的樣子。待老師再轉身寫黑板，我們兩人又故態復萌，把全班同學的興致拉到最高點，大家越笑越大聲，我們也越演越放得開。

「陳維昭！你拿出來！」

老師怎會是省油的燈？馬上走到我們的身邊檢查，事跡敗露了。於是竹籤被沒收，兩人被罰，下課留校察看。

老師要求犯錯的人必須道歉才能回家，同學很快照做，得到了釋放。我一方面不認為逗同學開心有什麼錯；另一方面心想老師哪有可能一直不放我？她自己也要回家啊！因此對不起的話說不出口，果然，剛開始師生兩人雖然僵在那裡，後來老師自己要回家了，也就放我一馬，那天正好是端午節。

我雖然調皮，可是人緣頗佳，同學、鄰居都喜歡和我上山下海一起玩，一行人跟著我在田間釣青蛙、抓蜻蜓、撿番薯，眞是好不快活。天氣寒冷的時候，大家圍在一起燒土窯，把撿來的番薯放進去烤。沒多久番薯的香氣四溢，同伴們一陣歡呼，童稚的笑聲迴盪在原野間。每個人都猛嚥口水，不管番薯究竟是否烤熟，不管外皮黑似焦炭，大家欣喜地捧著滾燙的番薯，剝開來吃裡面甜熟的黃肉，一口咬下去，幾乎燙壞了舌頭，但是世間最美味的就是這個了。

神岡國小劉校長的兒子正好和我同班，我們兩家住得不遠，下課後我們經常焦不離孟、孟不離焦的聚在一起玩耍，校長大人見我對玩很有一套，擔心自己兒子會近朱者赤，因此屢屢告誡他兒子，不准和我玩在一起。但是好玩是孩子的天性，兩個小孩早有默契，要以擊掌為暗號，破解禁令。因此每當我想出來玩耍的時候，就到校長家門外拍掌，沒多久，一個小腦袋會探出頭來，四下張望，然後悄悄的帶上房門，直往我這裡跑來。

活潑好動的我也經常被老師打報告。每次導師來做家庭訪問，我知道他不會說我什麼好話，因此三十六計走為上策，早早就逃得不見人影。算算時間老師該離開了，我也上山下海玩累了，這下才打道回府，免不了會被父母親叨念一頓：

「老師說你很聰明，就是不夠認眞用功，又調皮搗蛋……。」

頭腦靈活的我馬上受教，擦去剛才玩回來的滿頭大汗，坐到桌前，靜下心來看書。家中窄小擁擠，室內光線黯淡，中間還夾雜著弟妹的哭鬧聲，但是我完全不受影響；無論是國文、史地、數學，一會兒就讀進去了，而且立刻抓住了重點，深深記在腦子裡。

露營式補習

轉眼之間，我升上五年級了，再過二年就要考初中，我意識到要有一番表現，不可以再貪玩了。於是收拾起玩心，開始認眞讀書。我經常早上起來，到附近土地公廟前面的小廣場讀書，一面走一面背，考試都難不倒我。從此以後，我的成績一直是班上的第一名。

這時候，剛從台中師範學校畢業，年輕又有熱誠的張子邦老師返鄉任教，當上我們的導師，成爲我生命中的第一位「貴人」。子邦老師很喜歡自己家鄉的這一群孩子，覺得我們天分資質都不錯，如果放任我們自生自滅，實在可惜。他相信只要能加強引導，孩子們考初中一定會有不錯的表現。於是就在考前一個月，老師主動要免費幫我們補習。

我是班上的班長，覺得怎能讓老師這樣辛苦付出而沒有得到回報？因此我要求參加補習的二、三十位同學都拿出一點錢來，當作束脩交給老師。這件事完全是我自發性發起的，同學們也都乖乖拿出錢來，沒有異議。張老師卻堅決拒收，怎麼樣也不肯拿。他同時對小小年紀的我居然有這種想法感到訝異，他覺得我才不過十一、二歲，對人情事理已經有這種掌握的能力，豈能小覷呢？

當時，我對老師的另眼相看完全渾然不知，還是和其他的同學們都對補習帶來的不同生活感到新奇和興奮。原來在民國四十年間，鄉下都沒有路燈，有些同學住得遠，走夜路回家老師不放心，因此要求我們在正常下課之後，先回家洗澡吃飯，之後再回到學校來補習，補完了，晚上就在教室裡搭蚊帳睡覺。

我們這一群理著小平頭的鄉下孩子，個個期待補習的日子。經過一天漫長的學習之後，一下了課，最讓人期待的時刻來到，大夥忙著移動桌椅、攤開蚊帳，興匆匆地鑽到被子裡面談天說笑話，一時間，人聲喧嘩，好像在菜市場一樣。老師雖然要求大家安靜，也還是留給了我們一些自由的空間，讓我們輕鬆一下。孩子們眞的好快樂，這種露營式的樂趣和價値遠超過補習本身，這些過程後來也成爲大家無法磨滅的記憶。

夜漸漸深了，大夥的眼皮越來越重，四周逐漸安靜下來，只有教室外偶爾傳來陣陣蟲鳴和蛙聲。我翻了一個身子準備睡去，不知怎地，突然想到了升學考試這一件事。老師曾經提醒我，由於不是聯招，省立中學的考試日期是同一天，換言之，如果要考台中一中，就無法參加台中二中的考試，萬一台中一中沒上，台中二中也同樣沒了，只能上排名後面的縣立學校。

老師覺得我上二中絕對沒問題，一中則無十全把握，爲了安全起見，他要我報考二中就好了。我想起了父親曾經是台中一中的學生，卻因爲家庭因素休學，無法完成那裡的學業。爲了父親，我一定要考上台中一中，好實現父親多年的心願。但是，這樣孤注一擲，會給我的人生帶來什麼樣的影響呢？萬一失敗了，父親會怎麼想呢？我咬了咬牙，告訴自己：不管怎樣，我都不可以退縮，一定要努力再努力！

中一中同學

石克剛老師

莫宗堅同學（前排左）

中一中同學

與師長合影

初中時期（右一）

2

中學生涯馬上展開……

我形單影隻，衣著如舊，一個人也不認識，別人已經形成一個小團體，想要加入他們也未必那麼容易。我複雜的情緒中還有一種鄉下孩子隱隱約約、說不清的不被接納的失落感和自卑感……我不愛死讀書，也不喜歡久坐讀書，反而愛一面走一面讀，一本書很快能讀完一遍，之後再反覆讀第二遍、第三遍，讀到最後整本書畫滿各式各樣花花綠綠的重點為止……

第二章　求知若渴的中學生涯

第一志願——台中一中

經過愼重考慮，也爲了保險起見，我同時報考了縣立豐原中學。結果台中一中還沒有放榜，豐原中學已經貼出榜單，陳維昭三個大字獨占鼇頭，我居然成了這一屆的狀元！豐原中學提供獎學金，希望能夠吸引這位資優生。對才十二、三歲的中學生來說，這樣的條件很讓人心動，但是我一心想完成父親的夢想，還是耐心等待著一中的結果。

果然，皇天不負苦心人，神岡國小五名報考一中的同學中，只有我一人脫穎而出、金榜題名，成爲村裡的頭條大新聞。親朋好友知道了無不誇讚，父母親心裡則相當安慰，他們覺得我這個兒子從小調皮歸調皮，讀起書來卻很有一套，穩紮穩打、自動自發，讓作父母的十分放心。

要成爲中學生了，而且還是台中一中的學生哩！到台中去上學的日子會是怎樣的呢？我按捺住心裡的期待，在家鄉度過了一個快樂的暑假，等這個假期結束，我就要步入一個全新的開始了。

終於等到炎熱的夏天過去，中學生涯馬上展開。報到的這一天，我既緊張又興奮的坐上豐原客運，前往台中一中。走進和小學全然不同又頗具規模的一中，放眼望去，有不少新生都成群結隊的走在一起、聲勢浩大。後來才知道，他們大多來自台中市光復、大同國小，台中師範附小等幾所知名小學，看他們人人穿著新衣、新鞋，大家走在一起有說有笑、好不神氣。相形之下，我形單影隻，衣著如舊，一個人也不認識，孤獨寂寞之感不禁油然而生。而且別人已經形成一個小團體，想要加入他們成爲朋友，也未必那麼容易。我複雜的情緒中還有一種鄉下孩子隱隱約約、說不清的不被接納的失落感和自卑感。

「城裡的同學和我很不一樣。」我對自己說。

我因此顯得有些自閉，不怎麼和同學們互動。而且，開學後爲了節省住宿費，我寧願每天五點多就起床，再花上一個鐘頭的時間通車，趕搭六點多的豐原客運去上課。一天的課程上完，放學鈴聲一響，又趕緊快馬加鞭的奔往車站坐車回家，因此和同學接觸的機會更是少之又少了。

阿兵哥指導演講

雖然一開始有些適應不良，我依然將成績維持在十名之內，初一導師林紹熙很自然地注意到這個表現不錯的孩子。有次學校舉辦國語演講比賽，老師看我的國語說得不錯，就推薦我代表班上同學參加。沒想到這次演講比賽成爲我重建信心的轉捩點。

原本我學齡前只會說一點點日語，和家人溝通主要是以台語爲主。台灣光復第二年我正式進入小學就讀，雖然學校開始教注音符號講國語，可是當時學習國語的環境根本不成熟，連授課的老師自己都在摸索，大家瞎子領瞎子，南腔北調的國語都不標準。

四年後國民政府遷台，許多軍隊初期就駐紮在學校裡。這些大陸來的阿兵哥年紀輕輕便離鄉背井，到了假日根本無處可去，就和常隨著爸爸到學校去玩的我混熟了，我們幾乎成了忘年之交。漸漸的，他們也會到鄰近的我家中作客，我父親是學校老師，也把這群年輕小伙子當成自己孩子一樣照顧。

這些阿兵哥中有不少是響應「十萬青年十萬軍」的知識分子，還有人甚至是大學生，學問好、國語當然也流利。和這些阿兵哥玩在一起之後，我的國語無形中越說越順，也比一般人說國語的水準厲害許多，因此小學時早就是校內演講比賽的常勝軍，校外比賽也常名列前茅。

這次被老師推選出來參加校內演講，私交好的阿兵哥立刻全心爲我擬演講稿、訓練台風，讓我在事前有了充分的準備，而在正式演講時一戰成功，打敗了高年級的學長，成爲初中組冠軍。從此一路過關斬將，才初一的我最後拿到全台中市的總冠軍。至此我才覺得都市的孩子也並不特別啊，只要自己努力認眞，做事全力以赴，許多事情都不如想像的困難。在演講中嶄露頭角的事讓我信心大增，初二開始起，我便一直保持全班的前幾名。

另類的K書方法

五十年前的台中一中推行的是正常編班、能力分組、跑班上課，初中部每年有五班，各依能力分組上課。我排在乙班，但是因爲國文、數學強，上這兩門課時就到甲班和程度相當的同學混班上課。因爲大家各自有其強、弱的科目，也就沒有所謂「前段班」、「後段班」的差異，如此混班反而方便老師的教學，同學們也因此認識不同班級的學生，同年級的幾乎都熟識，學習上也更能相互激盪。

要維持全班第一名當然不是僥倖，我將充分利用時間當成了生活習慣，每天兩小時的通車時間都用來讀書。當時搭乘的客運車子班次少、人擠人，我一手拉著吊環、一手捧著書本，一路搖搖晃晃回家，腦子裡已把課本複習或預習完畢。若是遇上天還未黑，我先回家脫掉卡其制服，再帶著課本到離家不遠的田邊，坐在土地公廟前的大石頭上繼續研讀。

我不愛死讀書，也不喜歡久坐讀書，反而愛一面走一面讀，這樣讀書的效果反而增強。我常常早起，帶著書本到田邊走來走去，口裡念念有詞。鄰近的農人都知道陳家小孩好學不倦，很是誇讚：

「陳老師的兒子金認眞，透早就來讀書啦！」

通常我喜愛快讀，一本書很快能讀完一遍，之後再反覆讀第二遍、第三遍，讀到最後整本書畫滿各式各樣花花綠綠的重點為止，這也表示我已把整個材料都融會貫通，成為自己的知識了。這樣的讀書方法運用在以後的學習上，幾乎使我百戰百勝，無往不利。

既然初中的成績是前幾名畢業，我理所當然的被保送進入台中一中高中部，這時候讀書已成了我的興趣。學校的體制仍依照初中時的常態編班、能力分組、正常教學的原則，並沒有現在的輔導課程。我讀書完全自動自發，從沒補過習。同學中也不乏各科高手，我常和一位外省同學莫宗堅一起討論數學、物理。因為兩人都有這方面的天分，在一起不但相互切磋，更一起接受挑戰。我們高一就開始看高二數學，高二則跳到高三課本，到了高三已經進入大一的課程了。

有一次物理考試，全班沒多少人及格，我和莫宗堅卻都拿到了一百二十分，震驚班上同學。物理老師石克剛自有一套給分標準，他認為只要學生的程度超出他設定的標準，就另外加分，給學生肯定。這樣的作法無形中讓我對課程更有興趣，更想深入探索；再加上又有旗鼓相當的同學如莫宗堅等人的彼此競爭、相互激勵，讓我一度想追隨剛獲得諾貝爾物理獎的楊振寧、李政道去念台大物理系。

當時學校還有一位女老師上的地理課非常生動，她把死板的地圖、專有名詞全教活了，引發我對地理濃厚的興趣。初中時的體育老師也很另類，每次上完體育課，他還會把同學聚在一起，講解厚厚的世界名著《基督山恩仇記》給大家聽。因此我對古今中外文學名著的涉獵也從此時開始。無論《三國演義》、《水滸傳》、《紅樓夢》、《說唐演義》、《羅通掃北》、《薛仁貴征東》這一類章回小說我一本也沒錯過，《簡愛》、《咆哮山莊》、《約翰克理斯朵夫》、《老人與海》更看得津津有味。連當時出名的郭良蕙、孟瑤等作家的愛情小說也拿來閱讀，還有《藍與黑》等，都是我拿著手電筒躲在棉被裡閱讀的，滋味特別美好。有一陣子音樂課的樂理、音樂欣賞也是我喜愛的課程。透過老師對音樂的詮釋，我發現一首通俗的台灣民謠，都可以成為優美的電影背景音樂，讓人嘖嘖稱奇。

立志考上台大醫科

完整的高中教育為我打下紮實的人文和自然科學基礎，高中三年我一直保持全校第一名的成績，依慣例我可以直接保送大學任何科系。當時台中一中的第一、二名是保送台大醫學系，第三名則是台大化工系。沒想到在保送時，學校把我當第三名保送。家人一度認為必定是我們沒有好的背景才會被犧牲的。

學校則解釋為保送的方式是以前五個學期的成績來計算，其中還包括美術、體育等非學科成績，各科成績的比重和畢業成績算法都不一樣，因此平均下來我不是第一名而是第三名。我最後選擇相信並接受學校的說法，但是以後透過觀察，我發現保送制度依然有許多缺失。

由於父母親和長輩仍希望我去念醫學院，我最後放棄保送，直接參加大專聯考。這是民國四十七年，唯一一次聯考沒有分組的考試。當時報名人數約有上萬人，因為不分組，志願可以跨領域填寫。我主要填了三個志願，分別是台大醫學系、台大物理系和政大外交系。若是照傳統的分組，是跨各組的志願的。

填醫學系是為了父母家人的期望，填物理系是因為當時楊振寧、李政道剛得到諾貝爾物理獎，國內因此颳起一陣物理旋風，我覺得念物理一定會很吃香，再加上我在高中物理成績優異，自己有時都覺得是個物理天才，不讀可惜。而填寫讓人意外的政大外交系，是因為當時的國際情勢對台灣相當不利，我常在報紙上讀到一些出色的外交官報導，覺得如蔣廷黼、葉公超等人的形象佳，能對國家有所貢獻，因此也想效法他們報效國家。

由於是不分組考試，除了基本的國文、英文、數學之外，每個人還要考史地、理化和三民主義，更要用毛筆寫作文。那一年的作文題目是「論大專聯考分組與不分組的利弊」。考國文那一天，我帶了一支舊毛筆去應考，到了寫作文的時候，不禁心中暗暗叫苦。原來毛筆的筆端開叉了，寫「一」會自動變成「二」，用來真是痛苦不堪。我越寫越難受，根本無心好好寫下去，只想草草結束。因此一百分鐘的考試，我僅花了二、三十分鐘就寫完了。算算字數，才四百七十個字，心想完了，這一科大概要不及格了。

但是考試完畢我就把這一切都暫時拋到腦後，一切以平常心看待。在放榜前不久，我和弟弟到埔里國姓鄉山上一位大哥家去小住。當年那裡交通不便，更缺乏電話一類的通訊設備，我們玩得不亦樂乎，把聯考放榜的日子都忘記了。後來兩人下山到埔里車站準備搭車回神岡，正巧販賣店上面貼著幾天前的舊報紙，我立刻驚覺聯考已經放榜了，也從密密麻麻的姓名中找到自己的名字。我沒讓家人和自己失望，高中台大醫科，憑眞本事進入大家夢寐以求的第一志願。

再看看認識的同學們，台中一中共有九人錄取台大醫科，後來得知台南一中總共考進十二人，是當時之冠，可見南部高中生的表現相當亮眼，甚至超出北部的明星學校。這一年聯考，我的總成績有四百八十九分，第一名超過五百分，我是全體考生的第三名，以爲考差了的作文居然拿到八十分。

曾經塡寫三個不同方向科系的我，經過聯考的分發，要在台大醫學院中開始我的大學生涯了。我雖然已有完成家人心願、接受醫生嚴格訓練的心理準備，但是這將是我首次離開從小生長的家鄉、離開父母家人單獨北上求學，心中還是有許多複雜的情緒，興奮中參雜著惶恐和許多的想像。未來會有多少挑戰橫在面前呢？從小到大喜歡迎接挑戰的我，期待著人生另一個階段的開始。

醫科同學（前排左二）

青春年少(右一)

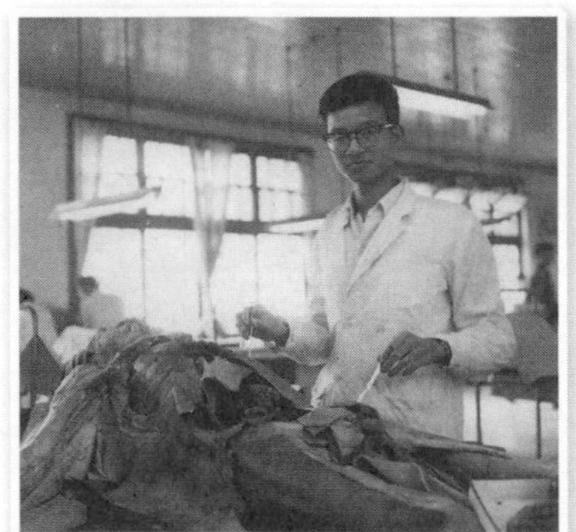

解剖學課

羅浮童子軍

空軍醫院服役(右一)

空軍醫院服役(後排右二)

當兵（左二）

3

第一次踏進台大的校門，
我的心中有種莫名的激動。
我當然無法預知自己的未來會和
台大有如此深遠的牽連，
也無法想像我對這所學校
有那樣強烈的使命感……。
一次參加羅浮童子軍的訓練活動，
要在陽明山的營地學習獨自一人
在野外紮營、生營火，
還要維持整晚的營火不能熄滅。
原本膽子不大的我利用這次機會
訓練膽識和應變能力……

第三章　踏進台大校門

背起行囊北上求學

一九五八年夏末秋初，從未到過台北的我，背起行囊和同樣考上台大醫學院的同學范俊雄，一起結伴北上。兩人在註冊前一天，分別從台中、豐原火車站搭上普通慢車，一搖三晃的行過一站又一站，看見熟悉的家鄉景致逐漸退後，越往北，取而代之的是陌生的車站和田野人家；此去經年，自己要離鄉背井讀七年的醫學院，心情滿複雜的，感傷、不安中還帶著一點對未來充滿憧憬的興奮。終於，台北到了，台大到了。

台大草創於一九二八年，在日據時代稱爲「台北帝國大學」，早年的學生多爲在台的日本青年，台灣人獲准入學的幾乎是鳳毛麟角。在台灣光復後才改爲「國立台灣大學」，又將之前帝大的五個學部改制爲文、理、法、醫、工、農等六學院，學生也由早先的三、四百人擴增至將近六百人，許多優秀的人才都由此培養，是一所有傳統、有校譽的一流學府，各科各系也幾乎是歷來所有高中應屆畢業生的第一志願。

第一次踏進台大的校門，我的心中有種莫名的激動。我當然無法預知自己的未來會和台大有如此深遠的牽連，也無法想像我對這所學校有那樣強烈的使命感。那時學校周邊還有許多稻田，現在的新生南路當時還是稱爲瑠公圳圳道的大水溝，校門外還有許多違建的攤子、小店，但是迎面看見幾棟有歷史感的系所和行政建築樓房，散布在種有大王椰子樹的校園內，依然顯得古樸堅實、古意盎然。傅鐘、傅園是紀念對台大貢獻良多的傅斯年校長的，身爲台大的新鮮人、這個大家庭的一份子，能循著前人的腳步往前走，開創自己和大時代相結合的未來，十八歲的我也有了歷史傳承中光榮、幸福的感受。

怪才室友

大一這一年，我沒有和大多數的同學一樣住宿舍，而是經由親戚介紹，借住在同鄉台大化學系張茗旭教授的家裡。教授很關心我，但是和個性較嚴肅的長輩相處，我難免感到拘束；再加上初來台北，一下課就趕回住處，和同學相處的機會因而變少。中學的歷史似乎重演了，大學生涯的頭一年，我過得很不適應，獨來獨往，沒有常與同學互動的機會，對自己信心不夠，孤單的感覺滿強烈，書也讀得普通。

大一和高中很大的不同在於：要讀很多原文書，每一本都是又厚又重，讀起來壓力大，效果又常打折扣。我完全沒有時間參加社團或課外活動，一有空檔就在讀書。到了大二，我申請搬到宿舍，和昔日的高中同學、考上台大數學系的莫宗堅住上下鋪。當時宿舍同住的另有讀機械和地質系的同學，室友各有所學，腦力激盪起來也是不同凡響，給住宿生活帶來許多美好的回憶。莫宗堅數學了得，不改昔日的名士派作風，經常不上課，自己在宿舍「自學」，有時太過投入，連洗澡都省了。室友們不同意，大家約法三章，不洗澡要罰錢，這才讓宿舍的空氣維持一定的品質。

台大怪才多，教授也要能包容。一次期末，老師問莫宗堅：

「你都不來上課，要我怎麼打成績？」

老莫答得妙：「我都懂了，才不來的。」

於是，老師出了五道題：「你做得出來，我就讓你過關。」

結果，老莫才寫到第三題，老師就通過放行了。

我個性不同，從來都採穩紮穩打，水到渠成的方式。自從升上大二之後，我的適應力漸入佳境，成績逐漸恢復高中時的水準，拿過好幾次書卷獎。有一次經同學遊說，我和莫宗堅一起參加羅浮童子軍的訓練活動，要在陽明山的營地學習獨自一人在野外紮營、生營火，還要維持整晚的營火不能熄滅。原本膽子不大的我，利用這次機會訓練膽識和應變能力。為了不讓營火熄滅，我在黑幽幽的深夜，一個人硬著頭皮往小山丘的樹林裡砍柴添火，終於通過考驗。

接下來，爲了要選出代表到日本參加國際童子軍競技活動而舉行的炊飯比賽、以羅盤做定位的方向測量等等考驗，我除了炊飯技術稍微欠佳之外，其他都以高分通過、表現優異，能夠代表團隊到日本參加比賽。但是因爲旅費必須自理，我考慮家中的經濟情況自動放棄，但這些能全程參與、挑戰自己的過程，就是難能可貴的經驗了。

記憶力大考驗

大三開始，醫科學生全部改到醫學院上課、住宿。學習包括解剖、組織、生理等醫科重量級課程。上解剖課，第一次和幾位同學們分到一位大體，空氣中充滿了濃烈刺鼻的福馬林氣味，大家的心情都是認眞而嚴肅的。呈現在我們眼前的完整大體，曾經是有血有肉有情感意志的生命，醫生要做的是救人、醫病的工作，如何能夠不愼重看待？

每次在上解剖課程中，大夥一面操刀、一面要對照教科書裡各種用拉丁文拼成的專有名詞，特別難記的是骨頭中各個部位凹入凸出的不同詞彙，著實考驗了我們這些醫學生的記憶力。我恰巧記憶力強、擅長背誦，越是冷僻的名詞、數字，越難不倒我，課本中提到的數據、細節、別人容易忽略的小地方，我都能記住。我也知道自己的長處，每次考試在中間休息的時候，我調皮的個性跳出來，喜歡捉弄一下同學，問問他們：

「你記得XXX是幾釐米嗎？」

「你曉得XX名詞是什麼嗎？」

同學們一聽都大驚失色，他們幾乎全無印象，趕緊再去翻書找答案。看他們忙成一團，我不禁覺得又好笑又有趣。

同寢室的幾位醫科同學，生活、上課都在一起，相互照應也相互競爭，自然而然培養出革命情感，成為一生的好友。我念書喜歡快讀，先讀出整個架構有了全貌之後，再細細畫重點，直到全部精通為止，因此我的課本總是五顏六色好不熱鬧。睡我上鋪的吳同學的讀書習慣則完全相反，他喜歡慢讀，讀的時候總要完全明白才能對自己交帳。有一回快要考試了，吳同學下床來，一眼瞥見我正讀的課本已在全書的最後幾頁了，不禁驚慌失措地喊：

「你怎麼回事？我才剛開始讀，你已經要讀完了！」

小兒外科是首選

大四念藥理學等科目，我的表現一樣突出，給當時教授藥理學的教授李鎭源留下深刻的印象，後來李教授也成爲我生命中的貴人。五、六年級開始，醫科生正式進入各科的臨床實習，我們上完課就跟著教授、總醫師、住院醫師、實習醫師等人到各病房去實地見習。當時大家都覺得醫生當中，外科醫師最是神氣，走路都有風。我心中也暗暗羨慕，希望將來成爲一位傑出的外科醫生；但是考慮到自己中等的體型，並不合乎當時外科醫師的標準，又因爲從小到大的經驗，喜歡和孩子打成一片，於是小兒外科成了我的首選。當然，如果功課沒有在前十名，外科也是進不去的。

寢室裡有位蔡同學家住高雄，父親是我們的前輩，在當地開了家有名的蔡外科醫院，暑假中常邀我去他家小住，順便幫忙參與開刀手術，因而讓我有更多臨場訓練的機會。七年級開始，我和班上同學正式成爲實習醫師，輪流到內外科、婦科、小兒科、神經科等各科看診。我負責在第一線直接面對病患問診、寫病歷，還要親自抽血、做尿液、糞便的檢驗，計算紅白血球的數量，一切從基層做起。上面的學長見我做事負責、認眞，也就放心把任務交代下來。我求知若渴，每天在醫院中像海綿般大量吸收各種學習管道，日積月累下來收穫豐碩。

在繁忙的醫學院生活期間，青春年少的浪漫情懷漸漸遠去。我放棄了中學時對文學的興趣，爲了平衡一下學醫的枯燥，我轉而研讀一些較爲實用的書籍，譬如：經濟學、國際現勢、法律、新聞學等，這樣的結果擴大了我的視野，也讓我對許多國際事務有更多的觀照。

急診室實習的日子

猶記得在學校的最後一年，我分配到台大急診室實習。一個寒冷的夜晚，救護車送來一位服毒自殺的中年婦女，雖然經過急救，情況依然危急，被安置在急診室的暫留室裡。我每隔一段時間，就要幫婦人量血壓，觀察追蹤進展。我眼見照顧婦人的竟是一位年約八十的老祖母，身邊還帶著三個幼兒，分別是懷抱中不滿周歲的嬰兒和另外兩位三歲、五歲的小男孩。經過談話，我得知婦人的先生不久前才因爲經商失敗而自殺身亡，遺下了高堂老母與妻兒，現在面對各種壓力和打擊，妻子也挺不住了，希望一了百了。

老祖母自己身體羸弱，平時可能都還要別人攙扶；現在卻必須硬打起精神，在寒冷的深夜照顧媳婦、孫子。媳婦依然昏迷不醒，襁褓中的嬰兒已然開始哭鬧，連帶影響兩位小哥哥也開始放聲哭起來，頻頻叫著不省人事的母親：

「媽媽！起來啊！起來啊！」

老祖母強忍悲哀，安慰著孫子：

「乖孫，不要哭咧！不要哭啊！」

說著說著，老祖母自己已經淚如雨下了。

我眼見這一幕人間悲劇在面前上演，不知能做什麼。我抱起血壓計，快步飛奔回休息室，心思澎湃，久久無法平復。我第一次深刻地體認出：身為救人性命的醫師，力量其實何等薄弱，責任卻又何等重大！唯有盡心盡力的貢獻自己的力量，才能無愧於職守吧！

時間的巨輪在風中滾動，轉瞬間，七年醫學院的訓練已進入尾聲，每位準畢業生很快地要盡國民服兵役的義務。讓同學皮皮剉的海軍陸戰隊、金門、馬祖等外島兵役混雜在其他較輕鬆的軍種中等著大家。我運氣好，抽到去桃園空軍基地醫院當兵，這運道被同學們念了好久。可以想見未來一年的當兵生活，我不但能學以致用、盡情發揮，而且當兵一定輕鬆愉快，簡直羨煞所有人。

夏日來臨，知了聲熱鬧了台北，也預告畢業季節的來臨。當驪歌響起，我和應屆畢業同學穿上了畢業袍，坐在禮堂中聆聽師長的臨別贈言。雖然現在要揮別台大，但是我知道這只是暫時的分離，我的前途和台大醫學院是息息相關的。退伍後我仍要回到熟悉的台大，從住院醫師一步一步做起。

空軍醫院服役

在空軍醫院服役的經驗是既難得又極有幫助的，對一位醫學院畢業生來說真是如魚得水。因為是全新的醫院，外科還沒開張，我完全可以獨當一面。於是由我領軍，帶著護理部主任、衛生兵一起籌備，從清理開刀房、摺紗布做起，一點一滴把開刀房應該具備的基本工作架設完成。沒多久，鄰近眷村的居民開始陸續上門求診，有割盲腸的、做結紮的，甚至還有做卵巢瘤切除的。每次開刀前，我一定會好好看書、溫習所學，正式動刀時也非常仔細，對止血特別小心，深怕出血沒處理好會發生意外，還好每次結果也都令人滿意。

到了我快退伍時，常來看病的病患都感覺不捨，他們不希望我這個醫術醫德都表現不差的醫師這麼快就離開。這中間，對我最有意見的人應該是我當步兵的同學。其中有一人就曾經氣呼呼、又半開玩笑地對我抱怨：

「我有次在夜間行軍經過你們空軍醫院附近，我眞的很氣！我想我身上背了這麼重的東西在走路，而陳維昭現在卻在那裡睡大頭覺！」

在退伍前，我塡寫回台大醫院外科的申請表，預備接受更紮實完整的外科醫師訓練。愉快的當兵生涯告了一個段落，一路走來，我的每一步路都走得十分認眞、穩健，爲未來的人生道路打下了深厚的基礎。

結婚照

4

我深受媒人青睞，熱心地
為我介紹了在南投鎮上開業唐內科、
小兒科的獨生女——唐香洋小姐。
唐母在七月間非正式的拜訪過我老家，
回去後馬上高興地表示：
「這家人可以結親，
他們家牆上掛滿了獎狀。」
後來我們正式相親去吃日本料理，
香洋低頭猛吃很快的把一大碗飯吃完了，
其實我就是喜歡她吃，
能吃一定能做……

第四章　遇見人生伴侶

住院醫師愛情零學分

愉快又充滿挑戰的軍旅生涯結束了，我拾起行囊退伍返鄉。父母親知道我心中的志向，了解我樂意在台大接受更多磨練，使自己精益求精、更上層樓，也就支持我的決定。經過短暫的休息，我順利地回到台大醫院外科做住院醫師。

在台大傳統、嚴謹的醫療體系中，住院醫師必須先接受三年完整的基本訓練，然後由各科高層依每人的表現投票表決，才能在第四年當該科唯一的一位總住院醫師。總住院醫師除了要參與開刀、看診等工作外，還要加上許多行政管理的工作，在日本叫做醫局長，相當於該科的執行長，責任十分重大。這一任做完，如果醫院有缺，就能順理成章的成爲主治醫師；若是醫院無缺，又一心想留在台大看診，那麼就得耐心等待媳婦熬成婆的機運了。

我延續求學時代穩健的個性，按著制度又從新人做起，每天早上七點半開始，就要趕去醫院開早會。早會完，週一週三週五緊接著都有手術，要在開刀房度過。通常大型手術一定有四位主要人物參與其中，他們分別是教授、總醫師、住院醫師和醫學院第七年的實習醫師。通常讓第一年住院醫師開的是盲腸、疝氣這一類的小刀，第二年晉級能處理腸、胃的切除，第三年揮灑的空間相對寬廣，幾乎各樣手術都可以涉入。

我全心投入醫師生涯的每一天，認眞參與開刀、看診、會診、報告、討論、醫學研究會議……。在開刀房的日子常有不同經歷，有時手術小，自己就可以輕鬆面對，有時是極爲少見、難度高的大場面，我跟在教授、總住院醫師等前輩後面，全神貫注的牢記教授每一個解說、刀法、動作，連續七、八個小時不休息是家常便飯。充實忙碌的日程表將我的生活塡得滿滿的，幾乎除了睡覺就是工作，完全沒有休閒時間，更遑論交女朋友、談戀愛了。當別人問我這時候是否做過什麼浪漫的事情？我的答案當然是沒有。

相親，結婚

雖然感情世界是一片空白，但是二十八、九歲的年紀總該往成家立業的方向考慮了。身爲陳家的長子，父母當然關心我的婚姻大事。我是台中神岡村考上台中一中、台大醫學院的第一人，外人對我的評價是個性溫文、工作勤奮認眞，台大醫師前程似錦……，因此我的記錄使得我深受媒人青睞，熱心地為我介紹了在南投鎮上開業唐內科、小兒科的獨生女——唐香洋小姐。香洋小姐是文化大學音樂系畢業，小我五歲，是當時南投中學的音樂老師。唐母在七月間非正式的拜訪過我老家，回去後馬上高興地表示：

「這家人可以結親，他們家牆上掛滿了獎狀。」

唐醫師喜愛努力上進的年輕人，對我非常滿意。我第一次登門到唐府拜訪，唐家上下有好幾個女孩都來湊熱鬧，進進出出好多人；事後香洋告訴我，她心想這個陳維昭也不知道究竟是看到誰了。後來我們正式相親去吃日本料理，兩人都有些尷尬。當時香洋低頭猛吃，很快就把一大碗飯吃完了，我卻還在細嚼慢嚥。她還以為這下一定將婚事弄砸了。其實我就是喜歡她吃，能吃一定能做，她將來必然會是個賢妻良母。的確，香洋秀外慧中、活潑開朗，很討大家的歡喜。親朋好友們認為我們郎才女貌，是非常合適的一對。於是我們很快就在一九六九年的中秋節依傳統習俗訂婚，也定下結婚的日期。

在此同時，我順利地在住院醫師第四年經過嚴格的票選，成為台大醫院一般外科總住院醫師。一九七〇年的一月一日，象徵一個嶄新美好的開始；我在眾多親友的祝福聲中，於神岡鄉鄉公所會議廳和唐香洋小姐走上禮堂，完成終身大事。當時雙方的家族、賓客約有三四百人參加，堪稱地方上的大喜事。

升格當爸爸

婚後，我們一起北上住在萬華華江橋附近，過的是傳統的「男主外、女主內」的生活方式。香洋依循當時婦女三從四德的傳統，毫無二話的辭去教職，計畫未來扮演好相夫教子的賢妻良母角色。她非常清楚外面的世界是屬於先生的，她不會過問我的事，只求做好家裡面的一切，讓我沒有後顧之憂。成了家有妻子相伴的日子，我的心更加穩定了，全力在醫學和工作上衝刺。沒多久，妻子身體起了變化，經檢查結果，喜訊傳來，大家都非常興奮——我要升格當爸爸了！

這一年的七月份，我擔任總住院醫師的任期屆滿，因爲僧多粥少的緣故，我成爲兼任的台大主治醫師，一般說來，平均約要四、五年才能等到正式的職缺。爲了家計，我固定到高雄蔡外科去兼差。第二年三月一日，長子陳右昇在我們夫妻和家族的期待下出生。我和香洋興奮地懷抱著新生兒，逗弄著嬰孩細嫩的手腳，不免感到爲人父母的責任重大，我也更加認眞爲未來的發展籌劃。

因爲之前曾閱讀不少社會科學領域的書籍，爲了檢驗結果，我就去報考外交官領事官檢定考試，結果一舉中的，相當於有外交系畢業的資歷一樣。我接下來還想參加外交官領事官特考，但是當時台灣的外交情勢險峻，美國爲了早日結束越戰，同時面對蘇聯勢力不斷擴張，因此決定和中共改善關係，提出了兩個中國方案。不過在整個國際情勢對中共較有利，及一個中國的堅持下，一九七一年十月二十六日，中華民國政府宣布退出聯合國，一時之間民情激憤，國家陷入風雨飄搖之中，許多外交官都被調遣回國，外交官特考也暫時停止。

我覺得既然考上了外交官領事官檢定資格，就這樣擺著未免可惜，我因爲通過檢定考，等於拿到外交和新聞行政人員的檢定及格證明，因此不論是否是新聞系背景，都有資格參加新聞行政特考。那一年高考一共錄取五人，其他四人都是新聞系科班出身的，只有我是唯一靠自修上榜的人士，一位醫師跨足完全不同的領域而能屢造佳績，我的表現頗讓人刮目相看。

學日文開啓另一扇窗

以前在大學期間，我就深感日文在醫學領域的重要性，因爲當時台大醫院的老師大都受的是日本教育，平常私下交談也都以日語爲主，醫學院更有許多日文書報、期刊，是拓展醫學新知的利器，不懂日文無疑讓自己少掉許多學習管道。於是我便開始去補習班補日文，由初級、中級一直補到高級班，日文功力大增；我又就近到醫學院旁邊的法學院旁聽曹欽源教授的「日本文學名著選讀」。這門課開啓了我視野的另一扇窗，許多文選詞藻優美、引人入勝、發人深省，使我獲益良多，也啓發我深入了解日本文化的興趣。

我做總住院醫師結束，擔任兼任主治醫師期間，日本大阪正好舉辦萬國博覽會，台大外科許書劍教授邀集大家前往參加並順道參觀訪問日本當地的醫院、學校，我和同僚們一同赴日參訪，這一趟旅程讓我和國立東北大學的名教授葛西森夫先生（Kasai Morio）有所接觸。日本當時社會的進步、各階層有次有序的情形讓我印象深刻。

之後在兼任主治醫師期間，我認識來台訪問的日籍駿河敬次郎教授，他願意提供獎學金讓我到日本順天堂大學學小兒外科。不過，後來情況生變，獎學金似乎不很確定。我發現如果能考上公費留學問題就解決了。當時美國醫學的發展已居世界領導地位，一般同學都一窩蜂以美國為留學或研究的所在，一句流行話：「來來來，來台大，去去去，去美國」，更將當時台大人的現象表露無遺。我評估自己的狀況，決定不隨俗從眾，我要到日本繼續深造。

一九七二年，雖然我已畢業多年，但因為前一年曾經考過高考，國文、歷史、三民主義等科目不需多做準備，日文又有相當基礎，因此順利考上日本公費留學，拿到日本文部省的獎學金。這個獎學金的要求是必須就讀日本的國立大學，位於仙台市的東北大學，離東京約四小時車程，又有名師葛西森夫願意當指導教授，當然是第一首選。

當時家眷出國尚未開放，結婚才兩年的妻子雖然不捨，孩子也才剛滿一歲，但是我的岳父是日本大學醫科畢業生，岳母是日本人，太太的哥哥也住日本，與日本有這樣多淵源，去日本似乎順理成章。更何況她認爲我有這種實力，當然要鼓勵我更上一層樓啦。於是我在當年的四月底整裝出發，揮別了親愛的家人，獨自前往日本東北大學，展開我在日本三年多攻讀醫學博士的留學生涯。

日本的學制是每年的四月到九月和十月到三月兩學期。初到日本，我立刻向指導教授葛西報到。葛西教授是日本有名的小兒外科教授，專門領域是膽道閉鎖。因爲葛西教授等人的研究，可以將初生嬰孩膽道閉塞或沒有膽道的情況以手術治療，因而幼小的生命得以挽回，這個手術稱爲「葛西手術」（Kasai Operation）在許多外科教科書上都有記載。

我追隨如此名師，讀書研究當然是兢兢業業、全力以赴。只是到了新環境，需要適應的地方還眞不少。四月還偶有乍暖還寒的時候，我和許多單身的同學住在寄宿家庭裡，小小的斗室之中，常常只有我獨自挑燈苦讀的身影。面對離鄉背井的孤寂、陌生寒冷的環境，還有對妻兒家人的思念，留學生涯當然有許多不爲人知的辛酸。

複雜的情緒混夾在我全新的學習中，每一天都是挑戰。有一次，我有事到東京處理，要坐特快車回東北大學，在等車時，無意走進一家西式木造建築的咖啡廳等待。我坐在小桌旁，望著窗外東洋的異國風景，耳邊忽然響起小提琴演奏的古典音樂，那熟悉的音符也從記憶中跳出，想到與妻子以及稚齡的孩子相隔那樣遙遠，斯情斯景，我的心一下被深深觸動，眼淚不禁奪眶而出。

當時我日文口語的能力還不夠好，跟日本同事溝通都要英日語夾雜，甚至比手劃腳還不是完全清楚。挫折感常常接踵而來，幸而我的日語基本閱讀能力不錯，我也努力不讓負面情緒干擾學習的進度，再怎麼說不清楚，還是要積極努力認眞拚下去。久而久之，學習漸漸上軌道，留學之路也越來越順暢。

到東北大學報到時，葛西教授要求我準備報考九月份的日本全國醫師資格考試。原本我覺得自己學成之後就要返台，並沒有必要參加這個考試，但是之前有日本教授讓沒有日本醫師執照的外國研究生參與一些門診、病房、甚至開刀的醫療工作，而飽受日本學運分子的抨擊，當時稱之爲「冒牌醫師事件」，鬧得滿城風雨。但就臨床研究生而言，參與醫療工作絕對是必須的。

這項考試除了筆試之外還有口試，要會拿著X光片判讀，考試對象既然是針對日本全國的醫師，當然是一場硬仗。由於我在台大已有臨床經驗，看X光片並不困難，日、英語夾雜，我還能說個清楚。結果成績揭曉，我一舉中的，讓日本同事跌破眼鏡，他們沒料到這個平常和人說話都有些難度的台灣人，竟然第一次就可以通過日本醫師資格考試。從此大家對我刮目相看，葛西教授也視我這位台灣來的學生爲入室高徒，對我照顧有加，無論是課業和生活都爲我考慮周詳，讓我以後的研究進行得更爲順利，更是我心頭一段美麗的記憶。

這一年的九月，日本因爲前一年美國總統尼克森訪問中國大陸，美日的外交政策都開始向中國傾斜，日本毅然和中華民國斷交並與中共建交，外交情勢對我們非常不利。留日學生一時之間人心惶惶，很擔心既有政策也會隨之改變，譬如：家眷能否出國到日本，還有獎學金是否繼續發放？……幸好學校當局和同事們都表現如常，日本政府的各項措施也未見調整，我這才安下心來繼續學業。

如此留日生涯匆匆過了一年，已漸漸有倒嚼甘蔗的感覺。更讓人興奮的是：太太終於可以帶著兩歲的兒子右昇前來團聚，美夢可以成眞了。爲了擔心生活費不夠用，太太把原來住的萬華的房子賣掉，部分換成日幣帶來日本，好使手頭寬鬆一些。一九七三年的四月間，當妻子抱著兒子的身影出現在機場出境室的時候，我不免心情激動，快步向前迎接他們。見到久違的妻兒，一家人能眞正團圓生活在一起，讓我感到眞正的踏實穩妥；所有的孤單寂寞、酸甜苦辣都成爲過去了。

爲了妻兒的加入，我離開原來的寄宿家庭，另外租了一間四個半榻榻米、約兩坪多的房間居住。房子就坐落於醫院對面，節省了交通往返的時間是利多，但是房東太太不允許我們自己開伙，而是由房東太太供應伙食給我們，則顯得相當不便。從高雄來留學的李昭男教授一家也在這裡租屋，兩家人背景相似，經常來往，也培養出深厚的感情。日本的留學生活因爲有了妻兒的參與，顯得更爲完整美好。

出席日本萬國博覽會

參加醫學會

訂婚

出席日本萬國博覽會

赴日機場送行

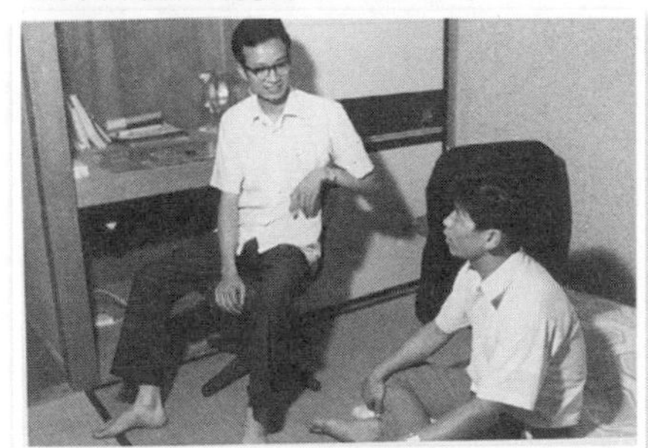

寄宿宿舍與韓國留學生談天

結婚宴客

葛西教授夫婦(左二、左一)

實驗室工作

在日本讀博士班時，
我的實驗經常忙起來不能停，
一直到晚上十點、十一點才做完
實驗回家吃晚飯。
日本房東看見了，問我們：
「你們台灣人都有吃消夜的習慣嗎？」
我告訴他：「這是晚餐哩！」
雖然一開始我從技術人員的工作做起，
凡事都自己動手，過程十分辛苦，
但是如果未經過這一層，
也許我得不到許多第一手的寶貴經驗，
研究上也未必能獲得突破……

第五章　廢寢忘食的留學生活

注重傳統的日本醫學界

在講究輩分、傳統與倫理的日本醫療體系中，通常一科只有一名教授擔綱，不像台灣一科有多位教授負責，因此其身分地位可見一斑。葛西教授正是這類代表，說話一言九鼎，極具分量。他平時理著光頭，人很嚴肅，大家都怕他。但是只要大家一起參加醫局的聚會，喝了一些酒，他的話就多起來，人也變得親切。有時喝一攤不夠，還有續攤的「二次會」、「三次會」，從清酒、啤酒喝到威士忌，但是我的酒量並不好。

葛西教授很關心學生，也非常替學生著想，能有他當我的老師眞是我的幸運。

我初到東北大學時，經他指引，他建議我的博士論文題目走一個新方向，即是往「靜脈營養」探索。所謂「靜脈營養」是針對那些不能以腸道攝取營養的病人，譬如小腸被切除部分或全部的患者，醫護人員可將導管置於他的上腔靜脈，從這裡注入高濃度的各種營養，來供給病人身體所需，使病患無須透過口腔、食道，生命也能繼續維繫，有人稱之爲「生命線」。

這個研究是在一九六八年由美國開發出來的，我在一九七二年到日本，葛西教授認爲這方面研究空間大，但是各種實驗都要靠自己摸索。剛開始進行研究時，困難不少，也讓我好生苦惱。

過去要檢查膽固醇、血漿蛋白、葡萄糖需要抽一大筒血，而當時在日本的實驗室用較先進的微量血液測驗器，用此機器只要耳朵針刺採血即可；科內要求我先熟悉操作測定血液的步驟，我認為這是技術人員而非研究人員的工作，心裡頗不以為然，但最後還是接受了。因此只要有病人要做靜脈營養，我就會為他們採血化驗。在親自動手的過程中，我逐漸發掘出，部分病人血中的尿素氮過低，經過再次檢驗仍是一樣。我認為這中間必然有許多問題值得探究。

我將許多病人的檢驗數值綜合整理的結果發現：我們為病人輸入胺基酸，胺基酸需要能量才可以被合成我們身體的蛋白組織，如果給予的能量不夠，胺基酸會被當成熱量來源而遭分解掉，因此會產生較多的代謝物質——尿素氮。若是同時供給較高的熱量，胺基酸的利用就越好，合成身體的蛋白成分也越多，尿液排出的尿素氮便越少，血液的尿素氮濃度也越低。

發明「陳氏夾克」

在反覆的檢驗、推論中告訴我：這項臨床現象和代謝是息息相關的，但是要如何驗證呢？答案是要靠動物實驗。由於東北大學對用狗做靜脈營養的研究並沒有很完備的實驗模式，因此施行起來困難重重。譬如說替一隻狗打點滴，把導管放入狗的血管之後，狗會亂跑亂動，能維持一個小時都要謝天謝地了，更何況是長期實驗。另外，固定導管固然讓人傷透腦筋，但是如果讓動物長時間固定、不能自由活動，所得結果也會有誤差。因此我一方面要確保狗能自由活動，另一方面又必須確保導管不被脫掉，顧此不可失彼，眞讓我煞費苦心。

在不斷失敗當中，我終於克服困難，想出一個妙方，同事們戲稱爲「陳氏夾克」。我設計了一件狗背心，把點滴管固定在背心上，這樣一來，不管狗怎麼跑跳都比較不易脫落了。我將設計圖送回台灣請太太找皮鞋師傅依圖製作，從此許多實驗源源不絕的出爐，解決了許多假設的核心問題。

晚餐變消夜

在做實驗的過程中，有時冬天大雪紛飛，我們經常全家出動，太太兒子一起陪著我去實驗室。香洋原是看了血都要昏倒的人，兒子又還年幼，但是在做狗的靜脈實驗中，偶爾插入狗血管的管子會掉出來，必須馬上開刀把管子插回去，香洋不得不成爲我開刀的助理，幫我拿鉗子、拉鉤的工作，我們同心聯手，順利完成當日手術。我的實驗經常忙起來不能停，一直到晚上十點、十一點才做完實驗回家吃晚飯。

日本房東看見了，問我們：「你們台灣人都有吃消夜的習慣嗎？」

我告訴他：「這是晚餐哩！」

他才驚訝我們對工作是如此的認真。

葛西教授不僅傳授我知識，對我和妻小的生活也極爲關照，會邀請我們全家去他府上作客，有時甚至親自下廚煮東西給我們吃，讓我們頗感受寵若驚。德高望重的他，經常有人送禮物，他也總會託人拿一些來給我們。早年大家從未嚐過的日本青森「蜜蘋果」，第一次品嚐就是葛西教授請我們吃的，這也是香洋一直津津樂道的事。她常告訴朋友：

「我吃過最好吃的蘋果就是葛西教授送的。」

其實葛西教授當初要我先考醫師執照，用意頗深。因爲如此一來，我才有機會在日本開刀練手藝，必要時也能兼差賺取生活費。日本的教學醫院醫師習慣在假日、週末到地方醫院兼差，待遇很不錯。我剛開始領日本政府的獎學金，每月有六萬多元日幣，並不需要兼差，但是第二年太太孩子前來團聚，當時葛西教授見我的家眷在此，便事事爲我設想：

「你太太孩子來了，獎學金可能不夠，你去兼點差補貼生活費。」

妻兒加入留學生活

因此我曾經有段期間在葛西教授安排下，到東京附近的日光等地兼差，月入十多萬日幣，養家因此完全不成問題。他更提供經費讓我去大阪接受小兒外科整套的「訓練課程」；我也跟著老師參加不少靜脈營養的學術會議，去了許多風光迷人的風景區。記得有一次到了川端康成寫《雪國》的湯澤，大夥還在那裡泡溫泉，眾人在湯屋裡面對著一片透明的窗子，全身泡得暖呼呼、熱騰騰的，窗外卻是一片冰天雪地、白茫茫的世界，兩相對照，感覺滋味特別不同。

有妻兒加入的生活顯得較過去豐富多彩許多。香洋個性樂觀開朗，和我周遭的人都相處融洽，她的日語其實並不靈光，卻仍積極地融入日本生活。仙台位於東京的東北方，人口五十幾萬，以日本三景之一的「松島」聞名，風景優美、居民溫和有禮，香洋經常坐上市內電車，比手劃腳的去街上購物採買東西。因爲孩子漸長，原來的空間太過狹窄，我們決定搬去一間有廚房、客廳的寓所。由於這一牽動，也讓我家成爲單身留學生的好去處。

每逢年節之際，經我的吆喝，許多留學當地的單身華裔同學，不管來自台灣、香港或其他地區，都喜歡到家裡來小聚。香洋以前對料理膳食並不擅長，當我告訴她有同學要來家裡打牙祭的時候，她會苦惱地不知做什麼菜給大夥兒吃才好，因此趕忙打電話回台灣給岳母求救。

岳母說得妙：「誠心就是美，只要心意到了什麼菜都香甜。」因此香洋也開心地捲起衣袖，滷上一大鍋牛肉待客。日本的新年除夕，最叫座的電視節目就是紅白歌唱大賽。在我家客廳裡，屋外是大雪紛飛，北風怒號，室內卻是笑語喧嘩，人聲鼎沸。大夥兒人手一碗熱騰騰的牛肉麵，圍坐在電視機前，對著兩邊熱烈的比賽發表高見、品頭論足，或是天南地北的促膝夜談，這也正是留學生涯無限樂趣的寫照。

然而，休閒是一種必要的調劑，正規的實驗、工作才是重頭戲，必須全力以赴。因為「陳氏夾克」使得實驗結果順利，我得到了一個重要的結論：要完全充分的利用一克的蛋白氮，大約需要四百五十卡的熱量。我在一次初步研究成果報告會上，提出這項實驗結果，立即引起東北大學同仁們七嘴八舌的說法：

「陳桑的博士論文已經出爐了。」

在這以前，他們都以為我的博士論文不知道要做幾年才有結果。之後，因為我在洛杉磯大學教授Hays來東北大學訪問時報告了此一成果，校方擔心研究結果會被研究能力強的美國學術界所用，怕他們會搶先發表，因此要我儘快整理投稿。我的文章後來順利地在美國權威的《代謝》雜誌刊登，聽說還引起不少迴響，當時向東北大學要求這篇文章的信件相當多，打破他們過去的紀錄。也使得從事這方面研究的人，都知道東北大學有一位台灣來的陳先生，說明了我在日本的研究獲得相當的重視。

從這件事上發現：雖然一開始我的研究是從技術人員的工作做起，凡事都要自己動手，過程十分辛苦，但是如果未經過這一層，也許我得不到許多第一手的寶貴經驗，研究上也未必能獲得這樣的突破，我認爲能親自動手做事、努力下功夫是深具意義的。直到今天，我一直持續在做研究，在臨床營養研究上也有些成果，我的研究室每年還有不少文章在國際期刊上發表。國內談到「靜脈營養」都會想到我，因爲我算是國內靜脈營養的開拓者。我自日本回國後不久，就與國內各大醫學中心從事這方面研究的醫師組成臨床營養研究小組，隨後在一九九二年創辦「中華民國靜脈暨腸道營養醫學會」並擔任第一、二屆理事長。

留日期間最困難的就是將研究寫成博士論文了。幸好負責幫助我的年輕講師大橋映介先生極爲熱心，我與他密切溝通，反覆修改，終於完成論文。經過這樣的磨練，我自覺日文精進不少，但是卻有人戲稱大橋先生的日文被我拖累了。

「大橋君滿嘴奇怪的台灣日語，一定是受陳桑的影響。」

希望大橋先生不要責怪才好。

一步一腳印

一九七三年十二月，我順利的過關斬將，拿到東北大學的醫學博士學位，又開始陷入一個長考之中。起初，台大表示沒有缺可以給我，而東京一家醫院則提出優厚的條件。這時候，高雄醫學院和中山醫學院也和我接觸，告訴我可以用副教授以上的職位聘用，中山甚至將教授聘書先送過來，條件相當優渥。正當我在「回台灣教書」和「繼續留日本」的選擇中舉棋不定的時候，台大醫學院的李鎮源院長並沒有忘記我，知道我的學業已經完成了，就寫信給我徵詢我回台大的意願。

由於當年出國前，我早辭去台大醫院的兼職工作，所以想再回台大的機會實在是極為不易，因為台大同仁本身的競爭就非常激烈。但是李院長的信上表示，目前外科正好有缺，如果想回台大就儘快和他聯絡。不過，他也特別說明：回台大必須從講師做起，要當副教授至少還得等三年以上。這樣的待遇與其他學校相比，實在相距甚遠，況且，我從台大畢業已經十年了，還得從講師做起嗎？我不免有些躊躇。

這個重大決定會影響我未來的發展，為了慎重起見，我去請教葛西教授的意見。教授第一句話就這麼說：

「你那麼年輕當教授難道就是好嗎？」

他用梯子做比喻：「一個人很快就爬到高點並不是一件好事，你該一步一步往上走，腳踏實地的從一個階段做起，做到某個程度，得到了大家的肯定之後，再去爬第二步，這樣穩穩地走，才會比較眞實。」

我聽完他的話之後，就立刻決定要回台大了。的確，一個人眞的無須太計較開始的位子是什麼，人生很長，只要肯好好做，一步一腳印，穩健踏實的走，自然會受到別人的肯定。年輕人何必急著爭一時呢？

右昇來日本團聚

大橋夫婦

參加日本外科醫學會

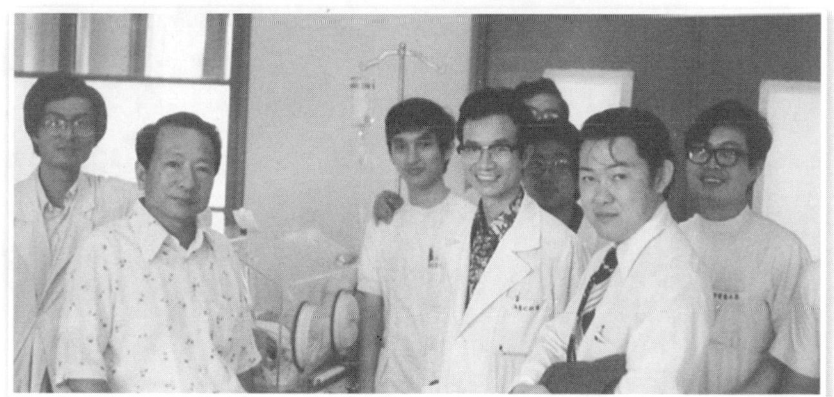
接待外賓參觀

葛西教授訪台

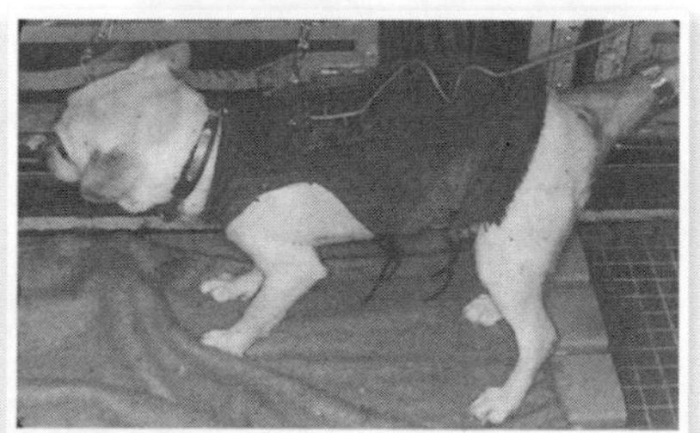
陳氏夾克

忠仁忠義滿月會診

亞洲小兒外科醫學會（馬尼拉）

亞洲小兒外科醫學會（馬尼拉）

亞洲小兒外科醫學會（曼谷）

亞洲小兒外科醫學會（香港）

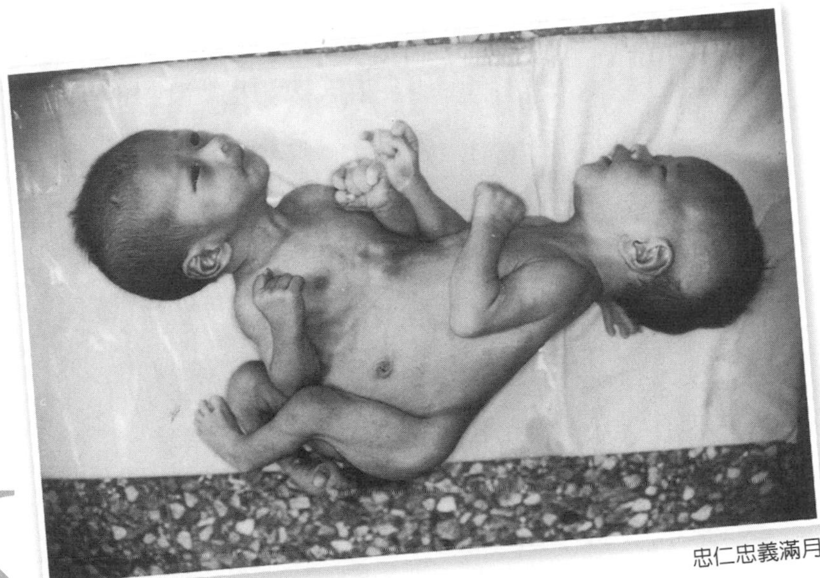
忠仁忠義滿月

6

回國不久，
剛好碰上一位膽道閉鎖的嬰兒要動手術，
我有強烈的慾望想挽救這個小生命，
可惜天不從人願，
小嬰孩最終宣告不治。
我難過地向家屬致歉：「對不起，
因為能力有限，沒辦法救回孩子。」
說完，
便癱在沙發上不由自主地落下淚來。
原本已淚流滿面，
幾乎被淚水淹沒的小孩母親見狀之後，
居然強忍悲痛，走過來拍拍我的肩膀：
「陳醫師，別難過，我們都已經盡力了。」

第六章　學成回台執業

莎喲娜啦！日本

東北大學的研究告一段落之後，爲了回應順天堂大學駿河敬次郎教授最早邀請我到日本的心意，也爲了多了解不同醫院的作法，在獲得葛西教授同意後，我開始到東京的順天堂大學做訪問研究。因爲擁有日本醫師執照，我在順天堂大學的訪問期間，同時也到東京一家「木村醫院」兼差。由於在台大期間我早已經接受過一套完整的訓練，所以無論是一般外科、骨科、腦神經科……我都可以應付，和醫療團隊相處融洽，他們一直希望我留下來成爲他們的一員。

在日本行醫期間，最讓我印象深刻的是，日本醫師和病人乃至病人家屬的「誠懇」、「眞心」和「互信」。每當有病患不幸身故的時候，醫生會告訴家屬最後的結果，然後向家屬深深一鞠躬：

「很抱歉！我們能力不足，沒有辦法挽回病人的生命。」

家屬也深深向醫師一鞠躬，表示感謝並相信醫師已盡了全力救治，這才安然離去。

台灣的醫生和病患、家屬則少有這種互動模式，或許是因爲醫生害怕這樣說會引起無謂的醫療糾紛，這種情形讓我相當感慨。同樣是病患和醫生，日本和台灣兩地對待的差異卻是不小，背後的原委其實滿值得深究的。

在順天堂大學醫學院的時間不知不覺過了大半年，我早已非常適應這裡的一切，葛西教授則十分關心我的近況。有一天，他專程到東京來與我見面，提醒我：

「放下在東京的工作，否則你再做下去就不會回台灣了。而且最好不要在一般非專門小兒外科的醫院開刀，這會使你原來的訓練有偏差。」

既然葛西教授如此說，我當然聽了老師的話，整裝回到東北大學。在返回台灣之前，葛西教授特別安排我到福島縣的「大原小兒病院」，跟他原來的醫局長——開刀技術最好的淺倉義弘醫師做密集的訓練。在日本的大學醫學院，通常只有教授、副教授才較有機會動刀，葛西教授對我的照顧和栽培，可見一斑。

就在一九七五年的十月，初秋的日本已經開始有了寒意，有些地區楓葉轉紅，大地又是一番炫麗多彩的面貌，讓人如癡如醉。然而雖然美景當前，我們一家三口卻忙碌的收拾起行囊，預備踏上返鄉的路程。要揮別生活三年半的日本，和師長、朋友道再見固然讓我感到不捨；但是，另一方面，我們也是載欣載奔地飛向家園，回到思念的故鄉，與自己的親人團聚，同時我向台大醫學院報到，擔任醫學院外科講師兼附設醫院主治醫師，此時離我台大畢業已經整整十年了。

全力以赴，卻回天乏術

回國不久之後，剛好碰上一位膽道閉鎖的嬰兒要動手術，這正巧是我在日本所學的專長，因此我卯足了勁，全力以赴。開刀的結果也十分成功，讓我深感欣慰。誰知道，小嬰兒出院幾個月後，突然因爲高燒被送到急診室來，當時的情況非常危急。

爲了保持心血成果，我有強烈的慾望，一定要挽救這個小生命。因此廢寢忘食、不眠不休了好幾天，可惜天不從人願，我縱然拚命救治，最後的結果依然回天乏術，小嬰孩最終宣告不治。我難過地向家屬致歉：

「對不起，因爲能力有限，沒辦法救回孩子。」

說完我癱在沙發上，不由自主地落下淚來。

原本已淚流滿面，幾乎被淚水淹沒的小孩母親見狀之後，居然強忍悲痛，走過來拍拍我的肩膀：

「陳醫師，別難過，我們都已經盡力了。」

這件事讓我感觸良多。我發現行醫的秘訣無他，除了要有好的醫術之外，「眞誠」更是重要，只要能以誠待人，病患、家屬一定會感受得到；我們必然也能獲得相對的回應，日本醫師、家屬的互動經驗，在此得到了答案，我也一直以這樣的態度來做好我的醫師工作。

醫師的成就感

還記得從日本留學回來，在台大醫院當主治醫師的時候，一個深夜裡，有位阿嬤和父親帶著剛出生兩天的小嬰兒到急診室求診。我檢查過後，告訴他們：

「這個小孩得的是無肛症，可以治療，但是要經過三個階段，先得動手術做人工肛門，前後大約要花十萬元。」

當時還沒有全民健保，對於貧寒家庭而言，十萬塊簡直是天文數字。

阿嬤聽了嚇了一跳，就跟孩子的爸爸說：

「不行啦，我們根本付不出十萬塊，回去再生一個好了！」

這位父親聽了祖母的話，也不敢違背，就準備帶著孩子走了。

當時我想如果讓他們就這樣離開，這個小生命就完了。我趕緊拉住他，義正嚴辭地對他說：

「既然已經把孩子生下來，就必須有責任感，負起爲人父應有的責任。」

這位父親低頭不語，我繼續說：

「你的問題到底是什麼?如果是錢方面的話，我可以幫你想辦法請社會服務部幫忙，如果是其他的困難，我們也可以再商量協助你解決。」

也許是受了這些話的影響，這位爸爸鼓起勇氣，決定把孩子留下來治療，祖母也不再堅持。後來這孩子的手術很成功，錢的問題也一併解決了。

幾年後，這位阿嬤帶著孩子回到我的門診接受追蹤檢查，從她的態度和與孫兒的互動中，可以感受到她對孫兒非常疼愛，讓我不禁回想起她當時曾經想放棄治療的往事。

這時這位阿嬤突然鄭重其事地跟小孩說：

「你這條小命是陳醫師救的，要感謝陳醫師喔!」

聽了這番話，我眞覺得身爲醫師，夫復何求?再多的辛苦都可以忘記。我始終認爲，每一個人都有他存在的價値，任何生命絕不能輕言放棄，醫師更沒有權利去放棄任何一個生命。

也同樣是在這一段期間，來自雲林縣某漁村念小學四年級的女孩，是學校的問題學生。自從她出生以來，泌尿跟排便就有點問題，到了十歲還要包著尿布，身上常有一股怪味，造成她脾氣暴躁，愛跟人起爭執，讓家長非常頭痛，同學都不喜歡跟她來往。

女孩的爸爸是一位老實的漁夫，一直爲她的事苦惱不堪，不知該如何是好，就打算等她小學畢業後送她出家。有一天，他跟學校的校長談起此事，剛好這位校長以前曾經帶過他的學生來找我動手術，所以認爲女孩有可能也是無肛症的問題，就跟他表示，可以專程陪他們上台北來找我看看。

但是這位爸爸覺得上台北路程太遠，而且還要開刀，心裡不免又擔心又排斥，就把這件事擱了下來。後來他到廟裡抽籤問卜，照籤上說，這個小孩的貴人在北部，而且姓陳，讓他想起校長曾說過在北部有一位陳醫師的事，他終於主動要求校長帶他們父女北上就醫。

小女孩剛住到醫院的時候，一樣不受歡迎，因爲她態度不好，又不肯合作，是醫護人員眼中的頭痛人物。等到治療完畢後，父女倆返回雲林家鄉，雖然路途遙遠，這位漁夫爸爸有時打到上好的鮮魚，會連夜坐火車送來台北，讓我非常感動。

有一天，他帶著女兒又送魚來，我跟他聊天的時候，同時觀察小女孩。奇妙的事情發生了，我發現她整個人已經大不相同；以前那種不耐煩、脾氣暴躁的樣子不見了，取而代之的是有說有笑、文雅、端莊。這樣的變化，眞是讓人讚嘆。女孩不再爲病所苦，身體的正常、健康改變了她的心境，也改變了她的未來。我不禁想，如果我沒能治好她的病，也許幾年後世上會多一位不快樂的出家人也未可知。

一個人的行爲有了偏差，必須從根本上去瞭解背後潛藏的問題，例如：這個女孩因爲身體異常，必須包著尿布，身上有臭味，同學當然排斥她，小孩的心情怎麼會好呢？她脾氣暴躁，表現出反常的行爲，其實能夠理解；等到問題解決之後，情況自然就會有所改變，孩子也會活得健康而正常。

還有一位女孩子，平常都很乖巧，但有時會突然暴跳如雷，大哭大叫說肚子痛，厲害時還會亂抓頭髮，讓家人既緊張又害怕。但是在緊急送到醫院後，她又似乎一切都沒事了，過一陣子，同樣情形又再發作，如此反覆好幾次，家人苦無解決之道，後來甚至被認為是精神異常，而被帶到精神科去治療。

這個女孩有一位表哥，當時應該是國防醫學院五年級的學生，他覺得表妹不像精神有問題，就帶她到三軍總醫院照X光，然後帶著X光片到台大門診來找我。他表示曾聽過我的課，覺得他表妹的症狀很像是腸管旋轉不良症。我看了之後跟他說：

「沒錯，她患的是腸管旋轉不良症。她的腸子先天沒有固定好，所以會亂轉，腸子一旦打結，痛起來是很厲害的，難怪她會暴跳如雷。」

經過開刀之後，當然就不再發作了。類似的例子很多，每次聽到家長告訴孩子：

「你的命是陳醫師救的！」

我想這是做醫師最大的滿足和成就。

對一些異常表現的小孩，我們都必須要仔細去瞭解他背後的癥結。我相信，沒有哪個孩子會天生使壞，這也是我們從事教育工作者應有的信念。

回台的第二年，我拿到東北大學的桂賞，這是東北大學對傑出學術論文所給予的獎項。作爲外國人，我能獲獎當然是非常幸運。同年九月，我們家又添了一名新成員，女兒幼宜在台大醫院誕生，爲我家帶來無數的歡笑。沒想到不久之後，我和比女兒小三個月的連體嬰忠仁、忠義發生了相當密切的關係，這也成爲我行醫之路很重要的轉捩點。

連體嬰忠仁忠義

那是一九七六年的年底，在高雄出生了一對情況稀有的三肢坐骨連體嬰，三天後，他們的父親張義盛就把他們送進中山醫學院。這期間，這對連體嬰的命運成爲電視、廣播、報章雜誌競相報導的內容，極受社會大眾的注目，我不時也從新聞中得知他們的近況。

在忠仁、忠義滿月之際，即一九七七年一月二十三日，中山醫學院特別舉辦滿月會診，討論這對孩子是否應該分割？我和洪文宗教授代表台大醫院南下參加會診。

我事先調閱相關文獻，發現坐骨連體嬰之所以死亡，都是因爲早期的排尿、排便困難，而引起了尿路或腸胃感染。死亡年齡大都在兩、三歲之間，紐約有成功分割女嬰的案例，是在她們一歲六個月大的時候進行分割，兩人都順利的存活下來了。我因而認爲：如果坐骨連體嬰不分割，可能活不到兩、三歲。洪教授十分同意我的看法。

當親眼看見主角——忠仁、忠義活生生的出現在面前，他們還躺在保溫箱裡，被放置在中山醫院的禮堂中央，一個躺成這樣，一個躺那樣，我心中眞是充滿了憐惜。

會診進行時，反對分割的聲浪極大，許多人從法律、人道、醫學等觀點侃侃而談。他們強調：與其讓這對孩子死在手術刀下，不如讓他們痛快活下去。但是，就我對坐骨連體嬰生理結構的了解來看，他們根本很難痛快的活下去。

時間向前奔馳，轉眼間，忠仁、忠義已超過了一歲半的分割年齡。在中山醫院外科主任林榮一、巫堂鏊醫師、台大洪文宗教授和我等幾位的商議、奔走下，醫學界展現了難能可貴、通力合作的力量。台大醫院答應中山醫院的提議將忠仁、忠義送往台大醫院做詳細檢查，並負擔住院及相關的費用。

就這樣，忠仁、忠義距離他們兩周歲還差一個半月的時間，也就是同一年的十一月十四日，被安排坐上中山醫院的救護車，由長期照顧連體嬰的巫堂鏊醫師和護士小姐莊鴻鶯陪同，從台中來到了台北，住進台大醫院。

起初，大家和這兩兄弟接觸，對他們的印象不外是愛哭愛鬧、身上髒臭。照顧他們的幾位看護各個叫苦連天，苦不堪言。其中一位看護黃媽媽——黃滿子女士表現得負責認眞，算是和他們有緣。我認爲阿義較爲忠厚，阿仁比較霸道，每次阿仁一不高興，會伸手往阿義臉上抓。阿義臉上因此經常傷痕累累，可憐兮兮的。

由於他們兩人從胸部「劍突」以下相連，經常阿仁已經躺下睡著了，阿義還坐著玩，有時阿義想睡了，朝後一躺，就把熟睡中的阿仁給拉了起來。這時候，阿仁只能無奈地坐著打盹，看起來也是很可憐。每次看到他們這種情形，就讓我感慨良多。生命固然可貴，但是如果只有生存卻沒有獨立的生活，實在也是很痛苦的。他們必須要分割才是長久之計啊！

當然，我們需要做動脈攝影檢查，才能知道忠仁、忠義是否眞能夠分割？要對這兩個小兄弟進行動脈攝影，還眞不是容易的事。因爲必須在他倆大腿近鼠蹊部的地方切開，找到大腿動脈，再插入一條導管方可。連體嬰的體型和一般人不同，找大腿動脈很費手腳，執行的醫師先檢查阿義，花費了不少時間，阿仁的檢查因而延後。

當晚，兩人哭鬧不休，臉色蒼白。我請値夜醫師爲他們各輸了一百西西的鮮血，又給了止痛劑，第二天他們看來平靜多了，臉色也紅潤不少。經過四、五天的休息之後，忠仁、忠義再度被送進檢查室。有了前次經驗，這次的檢查顯得駕輕就熟，只花了一個多小時就結束了。

當蘇誠道醫師將動脈攝影的X光片拿出來的時候，放射線科的徐劍耀醫師、洪教授和我都十分緊張，因爲這項結果說明了血流分配的情形，就要以此來決定兩兄弟分割的可行性。我們幾人急忙走到看片台前，仔細判讀每一張X光片。每看一張片子，我的心都蹦蹦跳，因為兩人未來的命運就快要揭曉了。我們看完阿仁的動脈攝影，再將阿義的片子拿來相互對照。

X光片顯示：忠仁、忠義的主動脈完全分離，他們各有獨立的腔動脈、肝動脈、上、下腸間膜動脈、腎動脈。還各有兩條腸股動脈，一條通往他們可以自由控制的腿，一條通向共同肢。

小心謹慎的看完每一張片子，我心上的大石頭放下了。

我差一點要高聲歡呼：「沒問題了！這兩個孩子絕對可以分割了！」

各項檢查告一段落，接洽安排分割手術的事落在洪文宗教授身上。但是因為洪教授和我，早已定於十二月六日去曼谷參加第四屆亞洲小兒外科醫學會議，分割的問題只好延至我們回國後再做打算了。忠仁、忠義兩兄弟也被安排暫時再回中山醫學院居住。

他們離去的那一天和三個星期前來的時候一樣，天氣晴朗、冬陽和煦，巫堂鑾醫師和護士莊鴻鶯小姐坐著同一輛救護車把忠仁、忠義載回台中了。望著救護車緩緩駛離台大醫院，我不禁鼻酸，站在原地久久沒有離去；腦中浮現起和這兩兄弟相處三週的點滴。還記得他們剛來台大時，因為腸胃不適而哭鬧不休，身上髒臭、令人心煩。沒想到經過一段時間之後，兩人聰明伶俐的本質慢慢表現出來，阿義笑的時候會露出小門牙，阿仁的臉頰上則有一個小酒窩，我們的醫護人員都覺得他們越來越可愛了。

我自己當外科醫生已有十三、四年，這期間不知看過多少病人進出醫院，說實話，一切早成了例行之事。對於生老病死、生離死別也都習以爲常，想不到此刻我還有離情依依的心境。或許是因爲這兩個孩子的處境太特別、命運太與眾不同了，因爲想到他們的前途未卜，才讓我興起千萬種愁緒吧？

去曼谷參加第四屆亞洲小兒外科醫學會議時，各國醫師很自然談起連體嬰的分割話題。日本順天堂大學的駿河敬次郎教授已有阿仁、阿義的資料，他告訴我們：如果中山醫學院提出要求，他們一定會盡力接納這對連體嬰的。我心想：如果眞是這樣，那麼這絕對是中華民國醫學界的一大諷刺，因爲日本和我們一樣，並沒有分割三肢坐骨連體嬰的實際經驗啊！之後，我們一行人經檳榔嶼、吉隆坡、新加坡到香港，沿途參觀各地的醫院，拜訪當地的小兒外科醫師，也談起坐骨連體嬰的分割手術種種。他們因爲都沒有經驗，所以也提不出什麼具體建議。我們大家自豪地發現：國內的小兒外科水準早已凌駕在整個東南亞之上了。

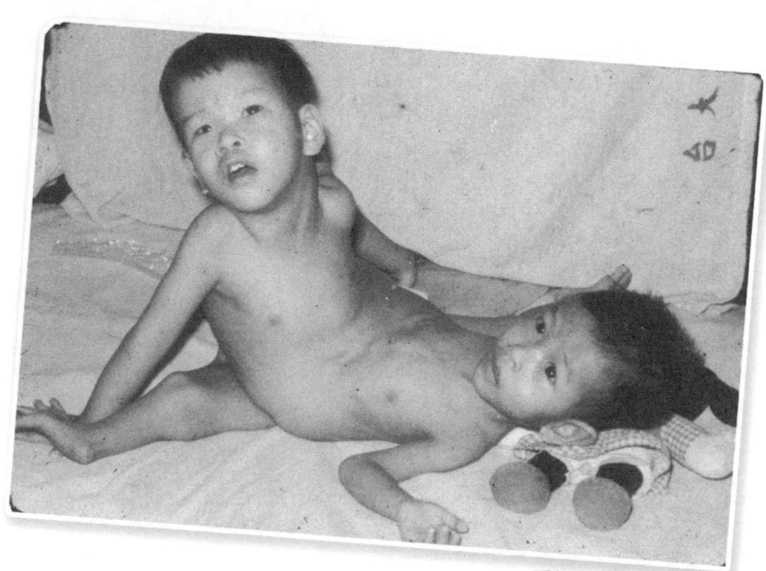
手術前的忠仁、忠義

7

這一天夜裡，我失眠了。
為了阿仁、阿義的未來，
為了我國醫學史上的重要一役，
我一定要盡最大努力使一切完善。
我一定要好好幹一場！
想起去年十一月兩兄弟初到台大時，
根本乏人問津，
社會大眾的焦點並沒有在他們身上；
現在卻造成這樣的轟動……
人情冷暖要如何細說呢！

第七章　連體嬰分割手術

備受爭議的世紀手術

參加小兒外科醫學會議的路上，我和洪文宗教授不時討論忠仁、忠義的手術時間，兩人的結論是：回國後就要積極進行各項分割準備和手術安排。不過，那一晚當我們抵達香港的富都飯店時，一個驚人的消息從世界的另一邊傳來。大夥兒在電視上看到新聞快報，美國總統卡特正式與中共建交。在我國各方面倚賴美國甚深的情況下，大家不禁憂心忡忡，台灣是否會動盪不安呢？這眞是我國外交史上的一次重大挫敗，每個人的心情幾乎都要盪到谷底。於是，有多人決定續留香港觀察幾天。

我和內人依原訂計畫先行返回台北，雖然國內充滿悲觀絕望的氣氛，但是政府方面卻適時的提出「處變不驚、莊敬自強」的口號。我感受到舉國上下的愛國自強運動已如火如荼的展開，全國沉浸在化悲憤爲力量的氛圍中，局勢已能從風雨飄搖中慢慢穩定下來了。由於國家情勢丕變，關於忠仁、忠義的分割手術，又無法避免的被暫時擱置。

洪文宗教授積極地爲忠仁、忠義奔走，希望台大醫院能爲兩兄弟做分割。但是台大醫院醫師們對此事的看法分歧，院方綜合各種意見，政策性的決定「不予分割」。當時考慮的主要原因有下面這幾項：

(一) 在世界醫學史上，分割坐骨連體嬰的經驗少，成功率也低，貿然從事分割，太過冒險。
(二) 即使手術成功，造成兩個肢體不全的孩子，値得考慮。
(三) 龐大的手術經費及事後的照顧、復健費用應該花在其他更需要救治的病患身上。
(四) 分割後的撫養問題沒有著落，台大醫院是醫療機構，不可能長期扶養這對兄弟。

院方這項決定，引發輿論界熱烈的爭論。各方論點都言之成理，卻因爲牽涉太廣，根本無法取得共識。身爲小兒外科醫師的我，眼看著兩位可愛的孩子飽受痛苦，如果不能爲他們做點什麼，我又算什麼醫師呢？爲了忠仁、忠義的未來，我事先徵得台大的同意，接受電視台和報紙的訪問，以醫學立場談論兩兄弟的現況。三月二十四日下午，洪文宗教授興奮地來到研究室，我正好在和同研究室的李治學醫師討論連體嬰的事。

洪教授用掩不住的開心語氣說：

「我找楊院長商量很多次了，現在，院方初步同意我們到中山醫院爲阿仁、阿義做分割手術，台大這邊可以支援一切必要的人手和儀器。」

這個消息來得太突然，我一時之間有點難以置信。

經過這麼久的延宕，現在事情突然有了眉目，我當然爲兩個小兄弟高興。但是轉念一想，又起了疑問，在中山醫院分割的計畫可行嗎？因爲他們的人力、物力相對而言較爲有限，台大說要提供的支援，到頭來會不會只變成點綴意味大於實際的幫助？我將我的想法告訴洪教授，他是我的師長，我們一起爲連體嬰的前途討論過許多次。

我說：「如果需要我參加中山醫院的分割小組，我絕對義不容辭。」

但是，就在正式分割前，爲增加皮膚的氣腹術緊鑼密鼓進行之際，輿論界突然掀起了激烈的反對聲浪。媒體記者一致認爲這樣重大的手術應該由人力、物力較優的台大醫院來做，才可以讓兩兄弟得到最理想的醫療和照顧。由於輿論對此事強烈的指責，使得台大醫院院方不得不重新考慮分割手術的必要性。

台大醫院決議執行

幾經波折之後，台大醫院終於決定執行分割手術，不過同時也開出三個條件：

(一) 阿仁、阿義的雙親必須正式向台大醫院請求治療。

(二)開刀費用由社會支助負擔。
(三)開刀成功後，兩兄弟由慈善機關負責撫養。

這三個條件立刻惹來外界不少非議，也讓阿仁、阿義的父親張義盛裹足不前。首先，張義盛是一位刻苦的工人，每天靠打零工維持五口之家的生活，養活他們夫婦、他的父母，還有阿仁、阿義的妹妹，張義盛之前從未與台大醫院接觸過，他擔心萬一將孩子從中山醫院轉出，台大會像中山一樣善待阿仁、阿義嗎？更現實的狀況是：後續還有手術費與撫養費的問題，如果這些費用沒有著落，他根本無力負擔啊！

其次，中山醫院從阿仁、阿義出生三天後就開始全心照料兩兄弟，付出的心血可想而知。而後中山一直希望台大醫院能負起分割的重任，到後來迫於輿論壓力，他們才準備勇敢的擔起這項艱鉅任務，台大卻又開始介入，也使得他們夾在中間，立場異常尷尬。幾位主事醫師的情緒都頗為沮喪，大家覺得分割連體嬰實在吃力又不討好。

於是阿仁、阿義分割的事再次成了膠著狀態，只聞樓梯響，不見人下來。怎不叫人著急呢！

到了六月初的某個下午，我接到開會通知。台大醫院特別為此事召開了臨時醫務會議，由楊院長主持，醫學院彭院長、洪文宗、陳秋江和我三位小兒科外科醫師都列席參加。

期間許多科主任和陳、洪教授相繼發表他們的看法。最後的結論出來了：大家決定維持原有的分割決議，同時要採取更積極主動的態度，分別與張家和中山醫院接洽，並與慈善機構露德之家聯絡，了解他們是否如新聞報導中所見的，願意接受分割後阿仁、阿義的撫養問題。

對阿仁、阿義來說，這個下午的會議眞的帶來了好消息。看見台大要盡全力解決當前的僵局，我心中也覺得相當欣喜。默念著：阿仁、阿義，你們到台大醫院接受分割的日子不會太久了。

一九七九年六月十四日，台大醫院分割小組爲忠仁、忠義兄弟的分割事宜召開第一次會議，台大校長閻振興透過洪主任指示與會人員，台大決心要動員一切人力、財力，盡全力完成這項工作。每位成員必須摒棄個人英雄主義，發揮團隊精神，共同做好這個史無前例的三肢坐骨連體男嬰的分割手術。

閻校長的指示爲手術的成功種下了重要的種子，我心中暗自稱慶，因爲台大醫院人才濟濟，各個學有專精，若是大家不團結同心，各持己見，不是會弄成多頭馬車，反而壞了大事嗎？但是我沒料到的是：當洪主任在徵詢主治醫師人選時，在座的幾位教授竟然一致推薦由我負責。這個結果眞讓我又驚又喜，喜的是被師長看重負以大任，可以爲忠仁、忠義兩位小兄弟盡一些力量，確實是我這段日子的期望；驚的是這樣的重責大任我擔得起嗎？忙、苦、累我還不怕，怕的是萬一出了差錯，主治醫師要負最大的責任，我可以承受得住嗎？一時之間，我還眞有些不知所措。

這一天夜裡，我失眠了。各種感覺、想法在心底深處交織盤旋，讓我久久無法入睡。腦中也開始在整理分割的計畫、細節，兩個小兄弟的臉龐浮現腦際。我告訴自己：爲了阿仁、阿義的未來，爲了我國醫學史上的重要一役，我一定要盡最大努力使一切完善。我一定要好好幹一場！

鎂光燈下的病房

六月十八日下午三點鐘，台大醫院的大廳裡擠滿了記者、好奇民眾、病患等人，電視公司的攝影機擺好了重要位置，大家都齊心等待著。不久，載著忠仁、忠義的中山醫院救護車一停到大門口，眾人就蜂擁而上，把救護車團團圍住。巫醫師、護士小姐和忠仁、忠義的父親張義盛先後從車中下來，再將兩個小兄弟的推車拉出來。因爲人滿爲患，阿仁、阿義的推車根本寸步難行。院方只有請來院內的警衛人員爲他們開道，勉強從人牆中殺出一條路來。

人潮簇擁著阿仁、阿義的推車往他們預定要住的二〇三病房移動，吵雜的人聲、閃爍不停的鎂光燈嚇壞了兩兄弟。好不容易到了病房，大家拚命要往裡擠，記者更是要求進入病房攝影、訪問。已經消毒過的病房完全失去作用。兩個孩子更顯得煩躁不安，開始哭鬧不休，我在一旁眞覺得心痛不已。

想起去年十一月兩兄弟初到台大時，根本乏人問津，社會大眾的焦點並沒有在他們身上；現在卻造成這樣的轟動，熱烈的迎接場面和瘋狂的人潮，和之前的冷清形成多麼強烈的對比，人情冷暖要如何細說呢！一般大眾總是喜歡追蹤被炒熱的話題、做一窩蜂的事，很少人能眞正從事物的本身去理解其中的關係和需要，也難怪中山醫院曾經遭受責難、阿仁、阿義的父親張義盛也被質疑過。

阿仁、阿義的父親靠打零工維生，不擅言詞的個性，一直被外界誤認為是行事「神秘」、拋棄自己孩子的人。最初，張先生很少露面，後來受不了親情的呼喚，才經常和太太一起從高雄北上台中，偷偷混在人群中，遠遠站在中山醫院的嬰兒室外，默默凝視自己的骨肉。想一想，這不是很讓人傷感的畫面嗎？

後來張太太懷了阿仁、阿義的妹妹，這才沒有隨張義盛去台中看孩子。而後，張義盛終於出面和中山醫院接觸，並與林榮一、巫堂鎣醫師建立了良好的關係，能夠正大光明的直接進入嬰兒室與孩子親近。因此，他也能在這一天一路陪同孩子從中山到台大來。

張義盛人很安靜老實，只簡短的對我說一句話：

「陳醫師，以後要多多麻煩你了。」

阿仁、阿義則在護理人員的教導之下，第一次喊了張義盛爸爸，我相信張先生心中一定有許多感觸。想一想，他在意外中生下自己無法照顧的連體嬰，忍痛將他們送往別處，而後過著不敢在社會大眾面前公開身分的日子，到現在孩子能叫他一聲爸，連我這外人聽了都感慨萬千呢！兩年半了，兩位小兄弟逐漸懂事，眞是讓人欣慰。

自從阿仁、阿義住進台大203病房之後，我們再度爲他們做了幾項必要的檢查，包括膀胱、泌尿系統、大腸攝影等，動用了許多人力和設備，爲了兩位小兄弟，從教授、醫師、護士到看護，大家雖然忙得滿身大汗，有時還要忍受滿屋子臭味，卻是毫無怨言，讓我由衷地欽佩。

兩週過去，阿黃已能慢慢取代「莊」小姐的地位，掌握阿仁、阿義的習性和需要，莊鴻鶯小姐也要功成身退回中山醫院工作了。當她整理好行囊和孩子們告別的時候，阿仁、阿義似乎若有所悟，竟然一起放聲大哭起來，讓莊小姐也難過得不知所以。畢竟，他們朝夕相處了兩年多，莊小姐從兩人的嬰兒期走到今天，眞是很難得的緣分啊！

第二天，我們爲阿仁、阿義做了去骨和膀胱造瘻的手術。這是分割的前奏，參與的人員提供我許多寶貴的意見，我也觀察到一些現象，都仔細記錄下來，以供日後參考。關於分割手術的步驟我曾經四處蒐集資料、分析、整理多時，心中早有腹案，草案分爲五個程序。

(一)切開皮膚，並檢查肝臟、脾臟、腸管的情形及肝臟分割。

(二)分割腸管。採兩段分割法，以自動腸管吻合器來處理，優點是節省時間、避免腸管內的汙物流出，引起感染。

(三)泌尿系統分割時，初步決定前方的膀胱歸阿義，阿仁的輸尿管從前側膀胱切斷，再種植到後側膀胱。

(四) 分割骨盤和共同肢。

(五) 重建傷口，共同肢皮膚的利用和人工肛門、膀胱造瘻的造設。

經由開會討論和與會專家的各種沙盤推演，分割手術草案總算獲得了大家的接受，我心中著實感覺快慰。洪主任要我把各部分以文字、圖畫寫出，複印給分割小組的醫師，在下次討論中再進一步研討。大家期望這項手術能做到盡善盡美的心是一致的。

亞洲營養學會（大阪）

第一次臨床營養醫學研討會

擔任小兒外科醫學會會長，頒陳炯霖教授感謝狀

小兒外科醫學會致詞

連體嬰忠仁、忠義洗澡

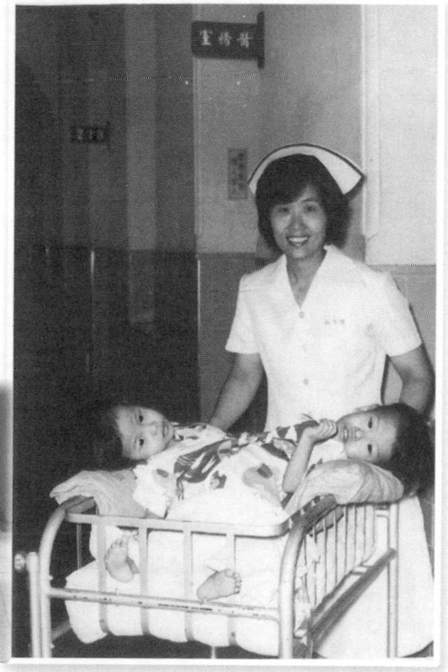

孫文仙護理長與忠仁、忠義

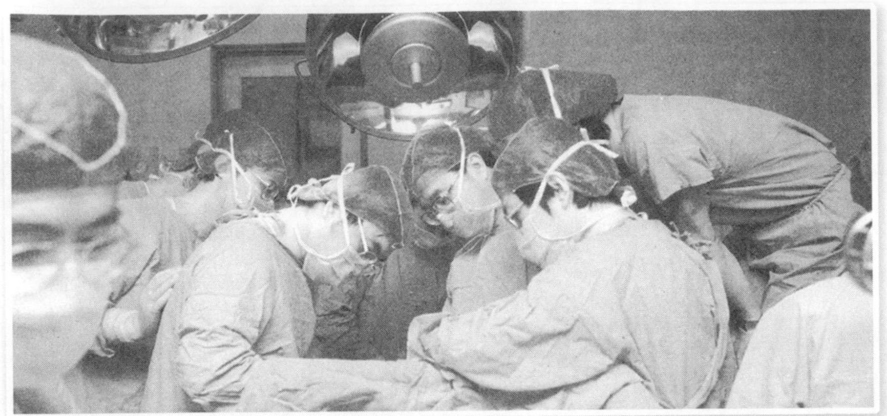
仔細操刀

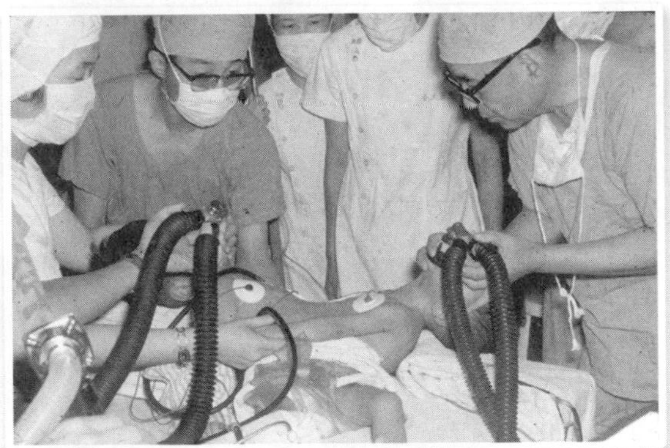
開始麻醉

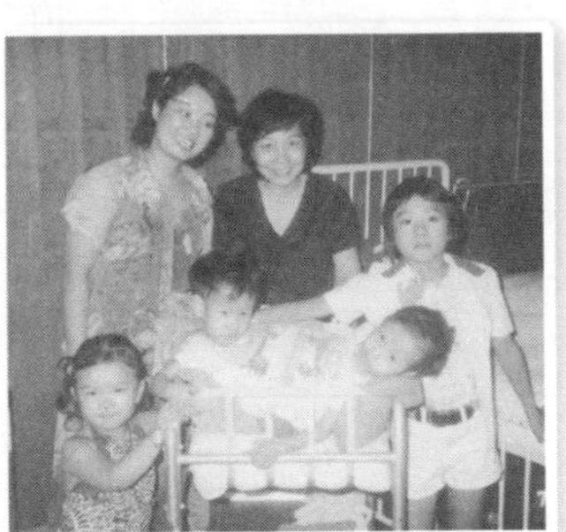
太太小孩探視忠仁忠義

謝孝德（左二）、巫堂鑾（右二）、林榮一（右一）

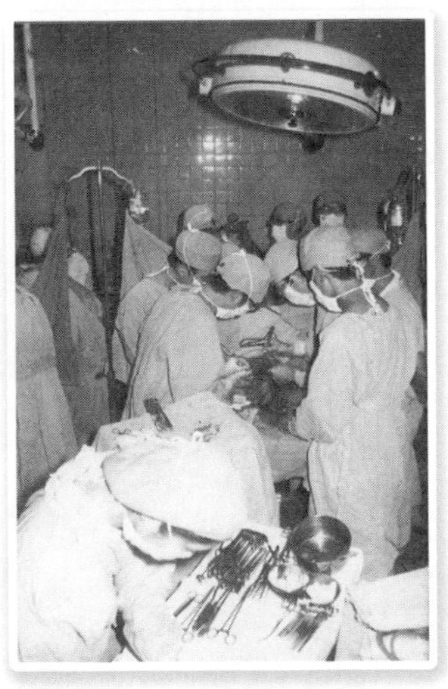
團隊合作

8

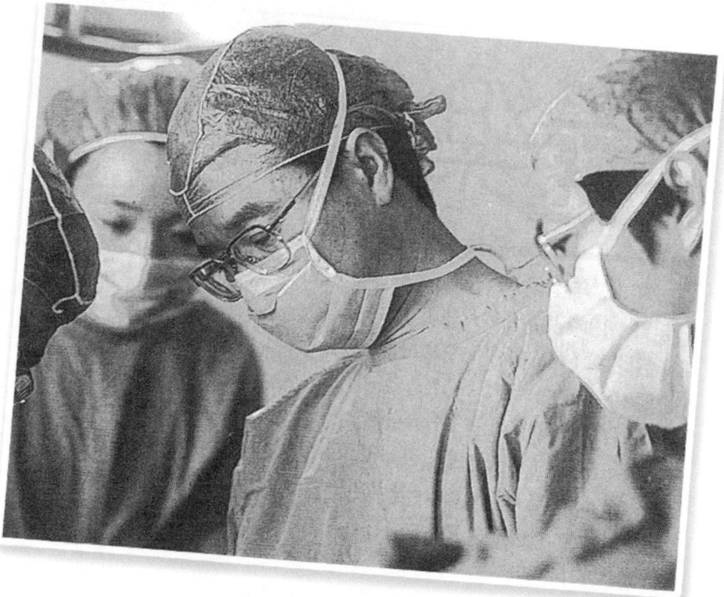

全神貫注

九月十日一大早天還沒大亮，
醫院的走廊上已有大批人影晃動。
阿仁、阿義被推往手術室的途中，
攝影鏡頭對準他們猛拍……
他們進行麻醉時，
兩人一直掙扎說不要，
後來不敵藥劑的作用，
阿仁、阿義很快沒了知覺。
上午八點二十七分，
大家全神貫注進行手術，
手術刀從阿仁、阿義劍突結合部
經過肚臍直到恥骨下方劃了下去……

第八章　八九伯伯與阿仁阿義

手術前的準備

轉眼間，阿仁、阿義住進台大已經一個多月了。他們歷經幾次的氣腹術，由洪文宗教授和我來執行。

平常我們都一百西西、一百西西的打氣，一旁的護士會隨著打氣的量在一旁數著，阿仁、阿義有時也會幫忙數，只不過他們只會數到八、九，因爲他們並不能了解數字的意義。打完氣，兩人就爭先恐後的嚷著：

「紗布，紗布。」

等護士爲他們貼好紗布，兩人又嚷著：

「包，包。」

意思是要護士快快替他們穿好衣服，包上尿布，然後回病房吃早餐。

阿仁、阿義一回到病房，就會忙著向阿黃傾訴在手術室裡的遭遇，指著脹得鼓鼓的大肚子說：

「伯伯，仆仆，八九、八九。」

他們說的意思是八九伯伯在幫他們打氣。因爲我每週要爲他們做氣腹術打氣兩次，他們就以「八九伯伯」稱呼我。

氣腹術開始之後，分割小組亦開始積極討論一些實際的分割準備。除了分割手術的步驟外，手術前有關器械的籌備、手術時的照應聯繫、麻醉方法、輸血問題、手術小組人選、模擬練習……都是每次開會討論的重點。在計畫中，手術器械分爲五台車，分別是小兒外科、小兒外科與泌尿科、骨科與整形外科，以及從事重建工作的兩台器械。

我們也確定在正式手術時要將阿仁、阿義用的紗布和管線分別標記，才不會發生錯誤。另外，在維持體液和血液平衡的判讀方面，則請三位博士班的研究生加入。台大的手術設備其實相當齊全，但是卻缺少了手術中需要的血液加溫器和腸管自動吻合器；中間幾經波折，幸好後來透過代理商和中興醫院取得了兩台血液加溫器，我又向在彰化開業的老同學黃明和借來腸管自動吻合器。由於有同行的熱心幫忙和老同學的鼎力相助，事情才能圓滿解決。也可見國內醫學界對連體嬰分割手術的支持。

人事安排更是一項重要課題。小組召集人洪主任囑我草擬人選，我透過與許多醫師的討論，有一個假想的名單。八月九日洪主任因爲參加醫院的預算會議，讓我主持分割小組討論會。當時，我依照幾位醫師的看法，順手將名單寫在黑板上。沒想到，電視記者將名單攝影下來，並在晚間新聞中報導。由於這份名單尚未定案，上面也沒有小兒外科、一般外科醫師的名字，播出之後，引起不少誤會，也爲台大醫院增添許多困擾。

之後，洪主任主動做東邀請資深的泌尿科許德金主任、骨科陳漢廷教授、麻醉科趙繼慶主任和我吃飯，討論如何安排小兒外科、一般外科的醫師人選。同時研究應該由哪一位醫師主刀？其實，醫師們都知道，手術由誰執刀並不會影響手術成敗，可是外界卻很重視這一點，認爲有其象徵意義。當時有人曾建議乾脆由主治醫師也就是我執刀好了。由於在分割小組中有許多醫師是我的師長，無論如何我都不能接受。我提出我個人的看法，認爲由洪文宗教授開第一刀比較適合。

幾經討論，大家決定第一階段由洪文宗教授、巫堂鑑醫師、葉明倫醫師和我四位小兒外科醫師共同負責，再請一般外科的陳楷模教授幫忙。隸屬中山醫院的巫堂鑑醫師雖然不是台大人，但我堅決主張邀請他加入。因爲他不但在專業上負責認眞，過去對阿仁、阿義更有極大的付出，和兩兄弟的感情極爲深厚，如果讓他在分割手術上缺席，是怎麼樣也說不過去的。

在談到重建時的醫師分組，由於陳秋江教授是我的前輩，哥哥阿仁就由陳教授負責，我負責阿義，在先後順序上比較有象徵意義。最後我們討論由誰來負責所有的聯繫？分割手術分成四個步驟，每個步驟都有許多醫師參與，大家專長不同，平時也沒有機會在一起手術，如果沒有人居中協調管理，很容易造成混亂。萬一在分割的過程中稍有差池，那一切的努力都將前功盡棄了。

當陳漢廷教授認爲這項工作非我莫屬的時候，我眞的感覺心跳加速。我估計這項分割手術要花費十二小時以上，眞要由我負責貫串全場的重任？陳教授之前就對我多所肯定，我一方面感謝他，另一方面更是誠惶誠恐。

陳教授用他有力的手拍在我的肩膀上：「陳維昭，我相信你一定沒問題。我信任你！」

我心中不斷在想：「是的！我一定不會辜負大家的期望，我會好好去做。」

對兩兄弟視如己出

手術前的一個星期天，我因爲得了感冒，難得在家休息。到了下午，自覺體力已有恢復，我預備回去醫院看阿仁、阿義。沒想到八歲的兒子右昇，以及比連體嬰大三個月的女兒幼宜，還有香洋三人都異口同聲的說要跟我去。右昇學校的老師、同學知道我是主治醫師之後，經常會向他問長問短。幼宜則很愛看阿仁、阿義的新聞報導，每次電視上出現他們的畫面，都會急急忙忙的跑來報告：

「爸爸，有阿仁、阿義啦！」

無形中，兩兄弟已成爲我家的一份子了。有時，我成天在醫院忙碌，香洋都會半開玩笑的說：

「你對醫院這兩位比對家裡的兩個孩子還好呢！」

但是，他們三人從未有機會去看看阿仁、阿義，因此一直覺得要儘快完成心願。我心想，兩兄弟快要開刀了，家中的三個人這樣關心他們，我怎能不答應呢？兩個孩子一聽我答應了，馬上歡呼起來，拉著媽媽去街上買見面禮。

我們到二〇三病房的時候，阿黃正在和阿仁、阿義「談天」。一見到我，兩兄弟齊聲喊：

「八九伯伯！」

阿黃則教阿仁、阿義喊「伯母」、「哥哥」、「姊姊」。

孩子們相處很奇妙，他們彼此似乎很能交流。當右昇把帶來的禮物打開，裡面是一具電動火車，有鐵軌和平交道。他把玩具拼裝起來，按下開關，火車就開始在軌道上奔馳，還會自動上下乘客。阿仁、阿義看了簡直樂壞了，一直調整上半身，要找到最佳觀看的姿勢。

女兒帶來一盒巧克力糖，我請阿黃先收起來。四個人開心的玩了一陣，我爲他們攝影留念。到後來要分別了，大家都有些依依不捨的離情。阿仁、阿義嘴裡一直嚷著，我只好告訴他們：

「哥哥、姊姊過幾天再來玩。」

兩人這才勉強揮動小手，跟我們道再見。我和香洋都很高興孩子們能開心的相處在一起，爲這一天劃下美好的句點。但是之後我個人的情況則開始不妙，感覺身體疲乏、體溫上升。這樣持續了

一、兩天，我戴著口罩，照常在醫院工作，情況卻依然沒有好轉，而且胃口也變差了，我眞是心急如焚。忠仁、忠義的手術迫在眉睫，許多事有待我親自安排，我怎能在這個關鍵時刻生病呢？如果感冒不好，到時體力不繼，我不是要當場出醜了嗎？

於是我連忙去病房，請護士幫我打一瓶點滴來增強體力。護士小姐取笑我：

「靜脈營養終於用到自己身上了。」

不料，當我的情況穩定下來之後，阿仁居然接著開始發燒。這一天半夜兩點多，我被緊急的電話吵醒，醫院告訴我阿仁高燒達39.1。這一驚非同小可，我立刻請値班醫師做必要檢查，注射藥物，腦子不停想著阿仁發燒的原因，會是我傳染給他的嗎？還是也得了感冒？我很自責，左思右想，心情十分混亂。後來報告出來，我立刻判斷尿路感染的可能性最大。

果然，確實是這個原因。經過適當的處理，阿仁總算逐漸恢復正常，分割手術可以如期進行了。醫院、媒體、社會大眾、分割小組的成員，還有阿仁、阿義的父親張義盛無不繃緊了神經，等待這歷史的一刻來到。我在手術前一天仔細檢查各項準備工作，希望能做到萬無一失。203病房裡的阿仁、阿義仍天眞的和阿黃說笑，一點也不知道他們即將面臨生死存亡的挑戰。

阿黃對他們說：「八九伯伯明天要把你們分開來，阿仁在這裡，阿義在那裡，好不好？」

兩人天眞的一下說好，一下說不好；兩兄弟當然無法理解分割的意義。我想起他們的父親張義盛告訴我的話：

「我對手術很有信心，兩兄弟至少可以救一個，我就滿足了。」

我回答他：「我們一定會盡全力的。」

歷史性的一刻

九月十日終於來了。一大早天還沒大亮，醫院的走廊上已有大批人影晃動。我遠離人群，匆匆到二○三病房察看。兩兄弟已在護理人員的打理下，準備妥當。阿仁、阿義被推往手術室的途中，攝影鏡頭對準他們猛拍，閃光燈此起彼落。第二手術室更是燈火通明、人聲吵雜，中視也代表三家電視台做實況轉播。阿仁、阿義環顧裡面的大陣仗，似乎有所領悟，感覺到有大事將要發生；因此在為他們進行麻醉時，兩人一直掙扎說不要，後來不敵藥劑的作用，阿仁、阿義很快沒了知覺。上午八點二十七分，大家全神貫注，看著洪教授拿起鋒利的手術刀，自阿仁、阿義劍突結合部經過肚臍直到恥骨下方劃下去，當皮膚劃開時，我和陳教授開始止血。

而後我們檢查內臟，我在草擬分割步驟時，曾經明白指出——「連體嬰的肝臟極為接近，可能相連。如有相連，應先分割肝臟。」也許因為我沒有特別強調，所以讓陳教授感覺有些意外。當陳教授將肝臟用電刀切開，說時遲、那時快，夾住阿仁一側的鉗子突然隨肝臟分離而脫落，鮮血立刻從阿仁的肝臟切面噴出，血液頓時淹沒了肝臟。幸好，陳教授迅速用手捏住出血的肝臟，洪教授和巫醫師立即用腸管鉗子夾住肝臟，將出血控制下來。接著由洪教授操針，陳教授綁線，肝臟的分割手術算是完成了。

到了上午十一點，在腸管的分割上，雖然洪教授臨時認爲將上部結腸分給阿義較好，但是後來仍然按照陳教授和我的意見照原訂計畫進行，我使用腸管自動吻合器順利的把大腸截爲兩段，我們確定幾個部位沒有出血現象，第一階段宣告結束，比預定時間提早了三十分鐘。

我到一旁換了一雙消毒手套，站在手術台另一側，許德金、蔡崇璋兩位醫師已經就位了。這時要處理兩兄弟的膀胱分割，大家同心協力，第二階段順利的在下午二時完成。這時，洪啓仁主任來關心我的體力，張金堅醫師則告訴我，我內人送來了雞湯，要我去樓下享用。我想起自己從早上五點多喝了杯紅茶之後，已經八小時滴水未進了，但是在這樣重要的時刻我一步也不想離開。後來，張金堅醫師還是端了杯水給我喝，我發覺水是甜的。原來他怕我血糖低，所以拿葡萄糖水給我喝。

喝完水，繼續要來的重頭戲是骨盆分割，陳漢廷教授先將恥骨自正中結合部位分割開來，然後要分割骨盆底部，這部分的手術相當困難，有骨骼、肌肉、軟組織、複雜的血管。前面的挑戰仍然巨大，我的左手卻因爲一直用力，漸漸覺得麻木，到最後手指關節已經僵硬，幾乎無法自由彎曲……。

手足情深

9

阿仁醒過來，
阿義也逐漸恢復意識，
我感覺他的手腳不時會扭動一下。
這時我才如大夢初醒般的確信手術成功了！
在阿仁阿義手術後的十多天，
有時病情一日三變，都需要緊急處理，
這期間，阿仁縫合的傷口因為過大，
多次由於疝氣、咳嗽而一再裂開，
最後只得以鋼絲線縫合，
使我的心一直處於備戰狀態。
阿義則無來由的發燒，
幾次夜裡燒到攝氏四十度以上……

第九章　寫下醫學史的新頁

成功分割兩兄弟

彎曲僵硬的左手讓我很不舒服，幸好陳教授將骨盆切斷到正中央時，轉了一個方向，開始分割阿仁、阿義的共同肢，才讓我的左手有了休息的機會。

共同肢分割接近根部時，到達了坐骨與大腿關節接合的部位，這是最困難之處，也最容易出血。我一直注意兩個孩子的失血量，還好一切都堪稱穩定。坐骨分開後，我們用被單將骨盆墊高，使操作更加方便。陳教授用電刀邊切邊燒，眼見阿仁、阿義連接的部位越來越小，大家的心也越來越激動，氣氛越來越緊張。每個人都屏息等待，那最重要的一刻就要到了。骨肉相連兩年多，每一刻都黏在一起的兩人，馬上就要分開了。

果然，陳教授一個揮手，阿仁、阿義相連的最後一點皮膚完全斷開，兩人終於一分爲二。我感到一股熱流直往喉頭湧上來，淚水幾乎奪眶而出。

我在心中大喊：「感謝天！終於分開來了。」

在場的許多醫護人員，大都發出一聲輕呼。第三階段結束，這時已經是下午五點十六分了。兩兄弟的情況相當穩定，陳教授和我把阿義推到一邊，林榮一和陳明庭醫師把阿仁推向另一邊，兩兄弟要按照計畫各自做第四階段的重建。洪啓仁主任又主動過來關心我，看我是否有不適之處。我動動原先麻木的左手，覺得都好了，就請他放心。

阿義和阿仁的手術台各有數位醫師把關，我們觀察兩兄弟各部位出血的情形，特別留意阿仁橫隔膜的疝氣、阿義萎縮的腎和輸尿管，評估是否要同時修補。兩邊的醫師各自忙著替他們做人工肛門，腹壁縫合。劉華昌、林佐武和巫堂鏊幾位醫師也分別切除骨盆的部分骨頭，並且把共同肢腳部的骨頭一根根剝除。阿仁那邊已幾近完成，沒有發生皮膚不足的問題。我們這邊處理阿義的重建工作也開始做最後的縫合了。

不久，阿仁醒過來。阿義也逐漸恢復意識，我感覺他的手腳不時會扭動一下。這時我才如大夢初醒般的確信手術成功了！阿仁、阿義都可以安然無恙地推出手術室了！我一直緊繃的神經不禁輕鬆起來，抬頭望了望壁上的時鐘，時間是八點三十分，這項手術從開始到現在已經超過十二小時。

我發現兩個孩子完全清醒之後，他們會互相轉頭相望，眼睛不停的眨動，手腳也會掙扎。因爲氣管內管還留置在口腔中，讓他們無法發聲；但是從他們的反應來看，似乎沒有任何迫切的危險，我再度確認分割的手術是成功的。

實在難以描述心底的激動和興奮，我快速走出第二手術室，中視記者已等在門口，問了我一些問題。接著又有許多記者圍上來，我匆匆報告感想之後，趕緊又步入外科加護病房巡視一番，這裡將要迎接阿仁、阿義有生以來首次分躺在兩張病床上，在他們被推進來前，我要檢查一下，因爲也是他們未來要暫時居住的地方。

閻振興校長在第一會議室爲分割小組安排了慰勞酒會，我在加護病房將兩兄弟安頓好之後前往參加。一進入會場，眼裡看到的是大家的笑容，耳裡聽到的是各種道賀聲，校長誇讚我們團隊合作無間、戰術運用成功。我因爲口渴，一口氣喝了兩杯啤酒，不諳酒性的我立刻覺得暈陶陶的。

擔憂復元情形

沒多久，有電話通知我們阿仁的呼吸不太理想，我的酒意頓時全消。趙主任和我馬上趕回加護病房處置，趙主任爲阿仁清除氣道中的排泄物，又換了氣管內管，阿仁的情況很快改善了。分割小組的醫師們又看了兩兄弟最新拍的X光片，確定情況穩定，才陸續離開，只剩下連我在內的五位醫師。我本想繼續留下來陪伴阿仁、阿義度過分割後的第一晚，但是留守的幾位博士班醫師說我站了十多個小時又粒米未進，力勸我回家休息，還說有狀況一定會立即通知，這下我才意識到自己全身黏答答的，是該回家沖個澡了。

回到家，香洋和兩個孩子正圍在電視機前看手術的錄影轉播，幾位鄰居也在場，大家都為這項全國矚目手術的成功而感到高興。我湊上前去和他們一同觀賞，發現電視畫面已接近尾聲了。精疲力盡的我在沖完澡之後，精神又為之大振，躺在床上翻來覆去根本無法入睡，滿腦子都是這一天手術的過程，一幕幕清晰的呈現腦際。我反覆思索箇中細節、需要改進之處，又擔心阿仁、阿義可能會產生的變化……，這一夜依然睡得不安穩。

第二天一早，我趕去醫院為阿仁、阿義做無菌的靜脈營養點滴、換藥。兩兄弟自從清醒之後，雖然全身有長長的傷口、插滿許多管線，但是他們一直沒有哭鬧過，小小年紀表現出來的強韌生命氣質讓我感動。他們的爸爸張義盛在手術第二天一見到我就向我道謝，長期照顧阿仁、阿義的莊鴻鶯小姐也特別從台中趕上來陪伴他們、為兩兄弟打氣。媒體持續的報導，牽動國人對這個手術後續的專注力。這可以說是自中美斷交掀起的自強運動之後，再次將國人的心凝聚起來的一件大事。

九月十二日下午，分割小組團隊由閻校長帶隊，赴總統府接受蔣經國總統的接見，總統以茶會款待全體三十六位分割手術的工作人員。這是我生平第一次踏進總統府，感覺既興奮又緊張。我們一行人在會客室稍待片刻，蔣經國總統、謝東閔副總統和孫運璿院長相繼出現。總統府秘書長馬紀壯、教育部長朱匯森等也都參加這個茶會。

當經國先生知道我是主治醫師，立刻緊握住我的手連聲說：「辛苦了！」他也親切的與每一位醫護人員握手交談。在致詞中，總統稱讚這次手術開創了醫術的新紀錄，也寫下了醫學的新頁，更是一項高超的藝術，這種貢獻、創造和愛心，就是中國傳統的「仁醫」。他又特別嘉許台大平日表現和在學術上的成就，要我們將這次的成果向全世界宣揚，以爲國爭光。經國先生建議台大醫院的醫師們，把這件事寫成一本書，使這段醫學史永遠流傳下去。

我的心確實很受鼓舞，決定將連體嬰的分割過程記錄下來。因此從第二天起，雖然工作忙碌不堪，我還是堅持每天都要寫一篇文章在民生報刊登，共連載了六十六天，題目是「八九伯伯與阿仁阿義」。在這一年年底，聯經出版社將之整理出版了《阿仁阿義與我——連體嬰分割的故事》。另外，我還接下洪主任的新聞簡報工作，每天兩次向媒體報告兩兄弟的最新狀況。

在阿仁、阿義手術後的十多天，兩人度過分割手術的最危險期，有時病情一日三變，都需要緊急處理。我每天一早到醫院，會先去加護病房看兩個孩子前晚的病歷記錄，而後處理傷口換藥、調整藥量與靜脈營養的成分和流量、沖洗膀胱、判讀當天所拍的X光片，常常一個上午很快就過去了。之後，我到晚上約七、八點離開研究室，探視完兩兄弟之後才會回家。睡前都要詢問兩人的最新狀況後才能放心入睡。

一天，我在爲兩兄弟沖洗膀胱、洗腸時，張義盛在一旁觀看。我聽見他對阿黃說：

「陳醫師的人實在好。」接著又感慨地嘆著氣：「像這個樣子，我眞不知道將來帶回家要怎樣照顧。」

這確實是個難題，我相信這也是他心中最大的遺憾。阿仁、阿義開刀後因爲身體的影響，沒像以前那樣喊「爸爸」，讓張義盛悵然的返回高雄。

這期間，阿仁縫合的傷口因爲過大，多次由於疝氣、咳嗽而一再裂開，最後只得以鋼絲線縫合，使我的心一直處於備戰狀態。阿義則無來由的發燒，幾次夜裡燒到攝氏四十度以上，讓値班的醫師壓力很大。我對午夜電話傳來的發燒報告也是緊張害怕，一直努力找出原因，好對症下藥。九月二十九日，我帶著一家大小去高雄接受青商會頒贈的「十大傑出青年獎」，暫時把照顧阿仁、阿義的工作託給葉明倫醫師。許多報導將我獲獎的理由歸於策劃連體嬰手術的成功，其實這是不正確的，有這麼多人在爲連體嬰的事奉獻心力、專業，怎麼可能由我一人獲獎？事實上，我很早就知道外科主任許書劍教授因爲我在靜脈營養上的一點成就而推薦我，但是得獎的喜悅由於阿仁病情的變化而被沖淡。晚上我在旅館打長途電話去醫院，了解兩人的情況發展後才覺得放心。

朋友要我們在高雄多住一晚，好四處遊覽一番。

我搖搖頭：「不行啊！兩個孩子沒帶來。」

朋友納悶地說：「你的一兒一女不是都在這裡嗎？」

我說：「不，我是說醫院裡的那兩個孩子。」

回到台北後，阿義又開始發燒，最後決定停藥，他才逐漸恢復正常。阿仁傷口的肉芽組織則越來越紅潤、強韌，腸子的蠕動也有明顯改善，我取消他嚴格的飲食控制，開始讓他喝些他喜愛的稀飯了。時間在時而緊急、時有挑戰的情況下悄悄溜走，轉眼間到了「月到中秋分外明」的時節，護士把阿仁、阿義推到醫院長廊的窗旁，讓他們欣賞皎潔的月光。兩兄弟首次體會到「亮、亮」的意思，度過了一個美麗的中秋節。

連體嬰重獲新生

兄弟倆的氣色一天天紅潤，身體越來越健康，中秋過後他們的手術已近滿月了。國內外許多善心人士寄來大量的信件、衣物、卡片、禮品來鼓勵他們，孫護士長則買了兩個蝶形的小玉珮，祝兩兄弟長命百歲。兩個小兄弟一戴就喜歡，說什麼也不准別人幫他們拿下來。

台大醫院在十月九日手術滿月當天，爲兩個孩子舉行了小型慶祝會，慶祝他們的「新生」。我早早寫信邀請張義盛夫婦前來參加，但是因爲張太太有孕在身，所以依然是張義盛隻身前來，還帶來兩套漂亮的上衣，穿在孩子身上居然剛剛好。他看見阿仁、阿義健康活潑的樣子，臉上滿是笑容。

阿仁、阿義也在阿黃的指導下，乖巧地說：「謝謝！爸爸！」

這一幕父子情讓我覺得非常滿足，這些天來這麼多人的投入、付出，是非常値得的啊！

早上十點左右，阿仁、阿義被帶到醫院的綠草地上，兩人在早晨的陽光中顯得容光煥發，惹人喜愛。漢聲雜誌的黃永松先生特別趕來，他計畫將兩兄弟手術復元後的情形以五種語言向世界報導。下午的慶祝會則在醫院的第一會議室舉行，當張義盛抱著阿仁，孫文仙護士長抱著阿義，一同切下五層大蛋糕時，他們又被媒體、攝影機、滿滿的人群團團圍住了。我們這些分割小組的醫護人員，都被擠到人牆之外，但是大家的臉上都露出欣慰的微笑。

兩個嶄新的生命要展開新的開始了。他們分割手術的成功，可以讓我們在未來的報告寫下：「這是世界第一個三肢坐骨連體男嬰，經手術而雙雙獲得救治的病例」。我回想起在手術當中，不同專業的醫師群分成許多組，大家不停地輪番上陣，不斷有人進進出出，就像一部機器中的零件，彼此緊密的結合，沒有絲毫凌亂的現象發生。這樣的組織、紀律，爲我國的醫學界甚至學術界合作，都立下了難能可貴的典範。

這樣的手術方案從摸索開始，經過反覆的檢查、研判、研究、討論、沙盤推演，以最好的準備做最壞的打算，寧可多花一分的時間做事前準備，也不貿然操刀，因此一切狀況都在我們的掌控之中。能將當初預估手術成功的百分之五十，提升爲百分之百，事前周密的準備和妥善的安排是主要因素，也是「凡事豫則立，不豫則廢」的最佳寫照。

另外，我們社會大眾爲了阿仁、阿義捐錢捐血，付出了極大的關懷和愛心，顯示我們社會對生命價值的敬意和人權的尊重，這一切都是這次分割手術帶來的劃時代意義。我能加入分割團隊，又有幸成爲阿仁、阿義的主治醫師，這是我一生當中寶貴的際遇，我非常感謝，也非常珍惜。

忠仁、忠義出院

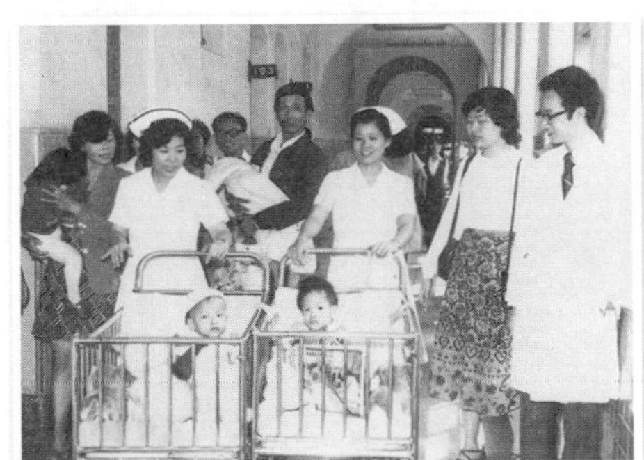

術後滿月

獲頒行政院傑出科技榮譽獎

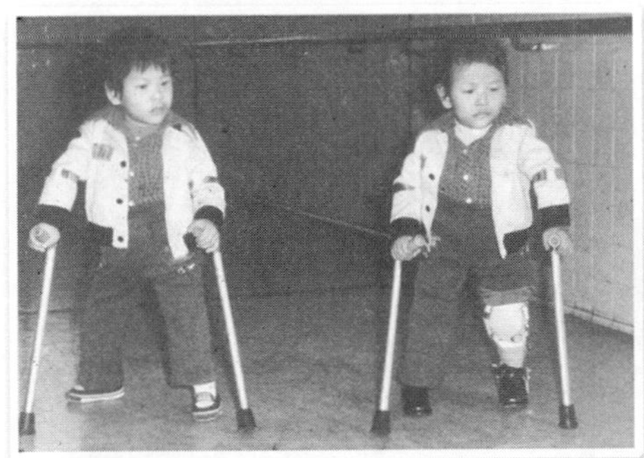

術後復健

總統蔣經國接見

與子右昇在約翰霍普金斯大學合影

獲頒行政院功績獎

赴紐約遊覽

升任副教授

在約翰霍普金斯大學作研究

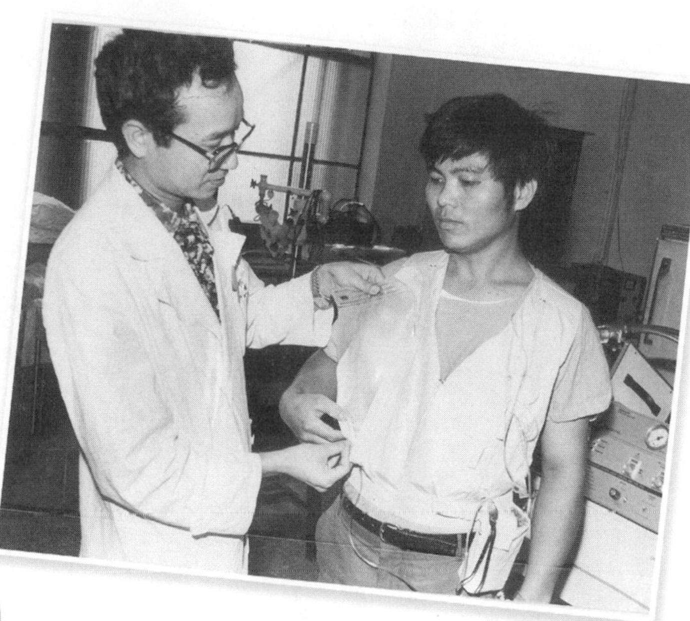

居家靜脈營養夾克

10

從教授變學生、從東方到西方的
差異原本已經相當巨大，
心理、課業、語文、風土民情、
飲食習慣都要調適，
更別說我必須在短短一年之內，
兼顧課業和實務研究取得碩士學位。
做五十歲的「純留學生」
可不是這麼簡單的事，
究竟要怎樣生存下去呢？

第十章　五十歲的留學生

赴美做靜脈營養研究

因爲和忠仁、忠義這段長達兩年多的緣分，使我頓時成爲社會上的知名人士，和媒體也建立了很好的互動關係。但是大家都沒想到之前我從講師申請副教授之路，竟然在第一次就慘遭滑鐵盧。平心而論，我的求學、工作都相當順利，當年放棄別處副教授、教授的聘用回來台大從講師做起，我感覺時間一到再升等是水到渠成的事；怎料三年過後的結果竟是沒能通過，眞叫我情何以堪？後來，我才聽說三年只是「參考」年資，一般年輕教師很難第三年就可以通過。於是我下定決心，一邊全力投入手上的工作，包括連體嬰分割的事宜，一邊也認眞做研究，在次年也就是回到台大第四年重新提出申請。

這一年也就是一九七九年，我的論文被評爲第一名，醫療團隊於六月份推舉我擔任忠仁、忠義的主治醫師，等到八月份我正式升任爲副教授，民國六十九年我獲選爲中華民國小兒外科醫學會理事長，也因參與連體嬰分割獲得行政院傑出科技榮譽獎。到了一九八一年秋季，我以客座副教授的身分，帶著妻小赴美國辛辛那提大學做爲期一年靜脈營養的研究。原本我是要跟哈佛大學的費雪(Josef E Fischer)教授作研究的，但在申請期間他跳槽到辛辛那提大學，我只好跟著轉赴辛辛那提。

到了美國我才發現，這裡的研究條件比日本好很多。我以前在日本做實驗，樣樣都得自己動手、自己摸索，而且結果也非立竿見影。然而長久看來，這樣做研究對一個人的影響也許更大。美國的分工很細，設備、制度完善，讓人很快就能進入情況，成果也很快就做出來，研究人員往往只需填表申請，整套材料就送到，根本不用自己設計實驗器材。

美國大學的國際化程度也讓日本望塵莫及，光是費雪教授的實驗室，就有十幾位來自以色列、埃及、瑞典和亞洲等地不同國家及種族的外國人，同事間常有的文化交流，對增進國際的視野和了解極有幫助。

還有就是日本和美國的師生關係也大不相同，日本屬於「師徒制」，師生朝夕相處，教授能傳道、授業、解惑兼具，身教影響很大，有助於學生人格的陶冶。相反的，我在美國做研究，每周只和教授見一次面討論研究進度，互動相對有限。

不過這次全家能一起在美國生活，家人們都開心極了。因爲之前醫院的工作忙碌，我除了偶爾帶香洋和孩子去離家最近的新公園（現在的二二八公園）逛逛外，幾乎沒有機會帶他們出去旅遊。因此我趁這次赴美之便，一有長假就會開著車子全家出動，華盛頓ＤＣ、紐約、加拿大都去了，一家人在一起享受難得的天倫之樂，是我們一直津津樂道的美好回憶。

一年的研究很快進入尾聲，我獲益良多。我的兒子也很習慣美國的教育方式，他希望繼續留下來讀中學。我和香洋及家人討論的結果，決定請住加州洛杉磯香洋的弟弟作監護人，平時兒子上位於安那翰的寄宿學校，離舅舅家一百多英里，由修女依軍事方式管理，假日舅舅再接到家裡住。

就這樣，我們帶著念完幼稚園的女兒回到台灣。和兒子分離，一家人當然十分不捨，香洋更是日夜牽掛。幸好兒子適應力頗強，領導能力在團體生活中被激發出來，做到學校裡的「將軍」，這在亞裔是極爲少見，讓我們安慰不少。

我在辛辛那提的研究主題是探討各種不同營養成分對腫瘤生長的影響，因爲很多癌症病人不能吃東西，要靠打營養素，但是否因此會讓腫瘤長得更快？這是靜脈營養學的重要課題，我也將這些研究在歐洲靜脈營養醫學會上發表。

一九八三年，我順利的升任教授，三年後又主持四肢坐骨廖氏連體嬰分割。由於前次忠仁、忠義的經驗，這次的手術也相當成功，我因此獲得行政院頒發的三等功績獎章。我盡心盡力的做好每一件工作，對未來的人生規劃並沒有特別的想法，卻不知因緣際會，我開始走上了行政之路。

其實早在我從日本回國不久，台大醫院的副院長杜詩綿教授就開始注意到我，也觀察過我，詢問我是否願意出任醫務秘書的職位。當時因爲我一心想把研究的架構建立起來，便婉拒了院方的邀請。這時國家的環境也正在改變，集會結社、言論自由的禁忌，在黨外雜誌百家爭鳴之下，一一突破。

由黨外人士發起的「五一九綠色行動」，以解除長達三十七年的戒嚴為訴求，掀起風起雲湧的街頭運動。當時民氣高昂，街頭示威不斷，促成了一九八六年九月二十八日民進黨的成立。蔣經國總統也回應了當時落實政治民主，建立更開放社會的目標。便在一九八七年，宣布解除戒嚴、開放黨禁及報禁、開放民眾赴大陸探親，並加速國會的改革。

台大醫院整建計畫

一九八八年一月十三日，蔣經國總統因病去世，由副總統李登輝先生繼任總統。說起來經國先生對台大的發展也很關心，早在一九七九年，他就在第一〇四次的國民黨中常會上親自提出「擴建台大醫院為一所足以代表國家的最好醫院」。行政院根據這項指示，在次年通過了「台大醫學院暨附設醫院整建計畫」，使老舊的院舍可以翻新改造，成為全新的現代化建築。

我沒想到在幾年以後，林國信院長找我去談話，因為當時社會上批評台大醫院「有一流的人才、二流的設備、三流的管理」，要和經費充裕的榮民總醫院及後起的長庚醫院競爭，一定要送人到國外學現代化的醫院管理知識。

他說醫院副院長一向只有兩位，醫學院大老們經過討論，也獲校長認同，想要我當第三副院長，之後還要出國接受醫療管理訓練，希望我不要拒絕。基於對台大的深厚感情和使命感，我感覺義不容辭。我的工作除了了解醫院整體的運作之外，就是監督新醫院的整建工作，院方並計畫一年後送我去國外進修醫院管理。

除了學術團體的行政任務之外，這是我第一份行政工作。與單純的教書、作研究的型態和處在病人、學生、家人之間的生活大不相同，當時因爲正處於醫院的整建期間，事務繁雜、百廢待舉，我必須耐心地一樣一樣認眞學習，要比做研究更加刻苦、需要更多的付出才能完成。踏上行政這一條路之後，我才深切體會行政管理、醫院決策、評估這方面專業知識的重要。

一年轉眼將至，是我要出國學習行政管理專業知識的時候了。這時我已經將近五十歲，對這樣新的挑戰依然充滿了鬥志。而後我開始向美國約翰霍普金斯大學提出申請，學校原本需要托福成績，但是因爲時間倉促，學校方面接受了我的要求，特別允許我透過越洋電話應試。於是在約定的時間內，我接受了公衛碩士班主任的口試，他本身是一位小兒科教授，我們談了幾句話，他就很親切地說：

「沒有問題，我們歡迎你來。」

赴美進修行政管理

就這樣，在離開學生生涯十多年之後，一九八八年的七月，我脫下了醫師的白袍，踏出熟悉的實驗室，收拾行囊和妻女及同僚病友們道別，單獨赴美國東部的巴爾的摩約翰霍普金斯大學進修「醫院行政及管理」。也藉機看望在加州的兒子，遇到較長假期，他會到巴爾的摩與我共聚，並一起遊覽美國東岸名勝，享受難得的快樂時光。

一九七二年我去日本讀博士班，一九八一年我以客座副教授身分到美研究，和這次赴美的經驗完全不同。有人認爲我已經是台大醫院的副院長，到美國讀書只要求畢業就夠了，我卻並不這麼認爲。

我重做學生的消息在我抵達之前，已在當地的留學生圈子中傳開了。當我一住進單身宿舍，就有人問我：

「陳教授，你準備如何在這裡survive（生存）下去呢？」

這眞是一個好問題。從教授變學生、從東方到西方的差異原本已經相當巨大，心理、課業、語文、風土民情、飲食習慣都要調適，更別說我必須在短短一年之內，兼顧課業和實務研究取得碩士學位。做五十歲的「純留學生」可不是這麼簡單的事，究竟要怎樣生存下去呢？

我的方法依然是相信「凡事豫則立，不豫則廢」，先做好妥善計畫是成功的必要條件，然後全力以赴，面對困難壓力也絕不退縮。事實上，我同時申請到了約翰霍普金斯和哈佛兩所名校，由於約翰霍普金斯開學比哈佛要早，入學許可又較快收到，因此我選擇了前者就讀。並按照計畫利用暑假期間把大部分的必修科目修完，然後再全心投入醫院行政主題課程和研究。暑假課程完畢之後，我一絲也不敢鬆懈，繼續幾天的閉門苦讀，終於通過一項考試，免掉了下學期必修的四個學分；而這四個學分正好可以用來做「特別研究」，使我預定的計畫提早實現。

這項「特別研究」由管理學科主任米克(Stephen Mick)做我的指導教授，他指定許多教材要我研讀，並且定期與我當面討論，也安排我到醫院了解各項醫院的行政和醫療作業。從最基層的工作開始觀摩，而後一步步提升至各階層，並且他找到不同階層的人與我認識、講解。可能因爲我是外科醫師的緣故，第一位引導我的就是一位外科的行政主管。

除了了解約翰霍普金斯的醫院系統之外，指導教授又讓我去華盛頓、費城、新英格蘭等地的教學醫院，使我藉由不同的經營方式，比較出各項制度的優劣；我也和指導老師深入討論探討箇中差異。這些細心的安排，不但叫我實質上獲益良多，更由於學習帶來的喜悅、挑戰，往往能激發我無比的衝勁和鬥志。因此，每當寒夜苦讀、用不擅長的「一指神功」做電腦打字報告到凌晨，或是有難關橫在眼前的時候，我只要想到我何其有幸，能擁有這樣難得的機遇和珍貴的學習機會，心中便升起許多感念之情，另有一股堅定的勇氣湧出，讓我奮力去克服一切阻礙。我用功讀書，流行病學的期終考還拿了滿分。我就是憑這樣的信念survive下去的。

家事白癡

當然，我在處理日常生活瑣事上有些「秀斗」，因爲在此之前，我自己極少進廚房，更不用說下廚烹飪了。記得我下飛機後煮的第一餐飯看來很不對勁，我連忙打電話回台灣向香洋求助。

「爲什麼我煮的飯顏色是灰灰的？」

香洋不斷協助尋找原因，弄了半天，香洋才讓我明白。原來，生米是要經過淘洗才能下鍋的。

另外，香洋對我從國外帶給她的東西也經常不滿意。我跟著別人買的口紅她嫌顏色過分鮮豔；我想穿在模特兒身上的衣服買回來送她一定沒問題吧？誰知道同樣的衣服穿在她身上，居然長出大半截。對我而言，料理三餐、選禮物實在比讀書要困難許多。

他山之石，可以攻錯

第二年的六月，我順利拿到了約翰霍普金斯大學公衛碩士的學位。整裝返台之前，我再次穿梭在富有歷史的學校建築裡，看著來往走過的人們，感覺初夏校園裡的生氣蓬勃。這裡有美國一流醫學院裡最頂尖的師資、最優秀的學生和來自世界各地的菁英，學習的環境實在優質，讓我在此收穫豐碩。

約翰霍普金斯大學另一個值得台灣學習的地方，是很講究團隊精神，學生來自不同國家，經常要分組討論，共同提出研究成果，養成大家合作的習慣。反觀台灣，在升學主義的壓力下，每個人從小被訓練要出頭，在分數上錙銖必較，不習慣合作。我後來開始推動「問題導向」的小班教學、小組討論，就是希望能像美國一樣，培養台大學生的合作精神。

離去雖然不捨，但是我知道這是我必須道別的時刻。因爲我還有任務在身，要回去繼續擔任台大醫學院的教授兼台大醫院的副院長，致力醫院管理的改善。回到熟悉的家園還來不及喘氣，我便立即全心投入工作，希望將在約翰霍普金斯大學的所見所學應用出來。

然而，我發現隨著台灣經濟快速的發展，國內的政治、社會都面臨了前所未有的巨變和挑戰。醫療環境也在這個浪頭中，展現不同於以往的面貌。譬如：保險人口的大幅增加、保險制度的擴充、醫療保險給付的限制，都造成了醫院營運的威脅。

我以爲一個成功、高效率的醫療機構，必須訂立明確目標，不斷超越自我，還要能勇於嘗試、創新、進行改革，即使造成有形的損失，也可換來更大無形的利益和可貴的經驗；醫院管理階層更要有應變的能力和意願，創造團隊成員良性互動的機會，如此才能掌握時代的脈動，帶領醫院在這樣複雜激烈的環境中生存下來。我用這樣的理念來輔佐醫院院長，全力做好副院長的工作。

台大醫院建院102週年慶活動

11

四月三十日是候選人報名截止日，
我去衛生署開會，快回到家時，
看到大樓失火，有人提醒我，
那就是你家的位置。
這下連睡覺的地方都沒有了，
哪來心情競選？
不得已，只有臨時到附近的
中正賓館去暫住兩、三週，
等待工人重新整修。
卻有人開玩笑地說：
「燒火了，旺了，你一定選得上。」

第十一章　台大首任直選醫學院院長

搬家副院長

回國後，由於醫院整建工程已接近尾聲，因此我受命負責規劃醫院的搬遷工作。在這段期間內，我要求各單位徹底執行搬遷計畫，並充分了解東西兩址的空間及設備狀況，隨時掌握變化也隨時檢討改善。我做事的態度是：事先有周全的準備，務必使搬遷工作盡善盡美。

因爲多一分準備就少一分損失，整體工作才容易達到順利圓滿的目標。我們的分工是這樣的：院方負責排定搬遷順序、準備搬遷工具、規劃搬遷路線、支援不足人力等等。貴重及精密儀器由醫工室負責聯繫，進行拆卸、搬運、安裝、測試等工作；笨重及大宗物品由總務室統籌安排；病房、手術室、加護病房等單位由護理部籌劃辦理。我要求每位同仁從自己做起，確實了解自身、工作、相關之財物、儀器等事項、內容，並積極參與準備搬運、安裝等作業。因爲全心投入搬遷規劃，而被同仁們戲稱爲「搬家副院長」。

搬遷工作要在交通繁忙的中山南路中進行，很有一些難度。但是路是人走出來的，我勉勵同仁，憑著大家的智慧和毅力，沒有克服不了的難關。工務、警衛、資訊、供應等單位先期進駐，其他單位在兩週內陸續完成。病患的一次遷移是重頭戲，因爲考慮到春節假期期間門診和住院病患人數最少，這時候搬遷最爲節省人力物力，並且又是一元復始萬象更新之際來啓用新廈，別具開創的特殊意義。

然而後來因使用執照取得等問題，醫院不得不延後搬遷，沒有在我副院長任內完成。不過，副院長的經驗帶給我許多行政工作上寶貴的歷練和挑戰，我沒有想到這會開啓我生涯規劃之外的道路，讓我的人生從此有另外一番局面。

自由之愛大學改革運動

自從一九八七年政府宣布解嚴之後，爭取校園民主的聲浪便開始風起雲湧，無論是學生自治或教授治校，幾乎都由台大展開，先是台大學生發起的「自由之愛」大學改革運動，接下來大學改革促進會成立，隔年台大舉行第一屆學生會會長選舉。

一九八九年，台大校務會議通過實施系主任及院長推選制度，開創教授治校的風潮，一九九〇年法學院、農學院相繼選出院長，醫學院也在一九九一年選舉第十任院長。過去台大醫學院長都由校長指派，台大醫學院首次選院長，當然相當受到矚目。

以往醫學院長幾乎都是年過六十歲的資深教授，經常在任期屆滿或是當不到六年就退休了。此時比我資深的洪啓仁很早宣布參選，我也幫忙連署，他很快就獲得一百多人連署，聲勢不小。後來院內中生代教授出現不同聲音，認爲應推派一名代表參選，選上與否還在其次，但至少要藉此機會把中生代的心聲說出來。由於我這屆在院內的人最多，加上我當副院長，職銜最大，大家就推派我出來競選。

我起初有點猶豫，畢竟要出來選，若選得太難看，得票數太低，對我是傷害；自己又剛從國外學習醫院管理回來，還想繼續留在醫院服務。於是我請教醫院院長林國信、醫學院長黃伯超及李鎮源教授，他們都支持我參選。林國信還說也有別的副院長來請教他，但他認爲對方不適合而將之勸退；因爲我做人圓滿、人緣佳，基礎研究及臨床經驗都表現不錯，又曾到國外學醫管，他鼓勵我不妨一試。基於對台大的使命感，針對醫學院不少沉痾需要改革，我決定出來參選。

院長候選人連我在內有四人，都是台大醫學系畢業：前台大外科主任洪啓仁是國內心臟外科權威，當時六十歲；他的同班同學、外科教授李俊仁，當過省立桃園醫院院長、省衛生處長，是國內換腎手術第一人；孫逸仙癌症中心院長黃達夫，則是高我一屆的學長，自美歸國不久，聲望也很高。

火燒厝是災？是福？

四月三十日是候選人的報名截止日，我去衛生署開會，快回到家時，看到不遠處有大樓失火。有人提醒我，那就是你家的位置啊！我趕忙奔回家，果然，不偏不倚眞是我家發生火災。原來香洋在家中煎魚，有兩位同事正巧去找她談事情，說著說著就忘記爐火還正大開，等到焦味傳出、香洋警覺到鍋裡的鮮魚成了焦炭已經來不及了。火舌早已竄起，想用毯子撲滅也太遲了。

我衝進了家門，那一幕景象眞讓我暗暗叫苦。家裡的家具、用品早被黑煙、消防車的水柱破壞了，許多文件資料也都受損，救不回來了。這下可好，連睡覺的地方都沒了，哪來心情競選？不得已，只有臨時到附近的中正賓館去暫住兩、三週，等待工人重新整修。

沒想到卻有人開玩笑地說：「燒火了，旺了，你一定會被選上。」

這時候，有一派人士認為台大需要外來者，又聽說黃達夫可能捐台大十五億，在那研究經費相對困窘的時候，不免都對他寄予厚望，因此轉而支持他。李鎭源教授也出面來勸我退出，好把我的票給黃達夫。我告訴他我雖受人推薦，但是我並不知道自己的票在哪裡，何來把票讓給他人的作法呢？

至此以後，我心想，雖然有祝融之災影響心情，但是既然出馬競選，就得認眞參選、全力以赴，才是做人做事的道理。於是我主動和牙醫系、藥學系溝通，了解他們的問題、需要，扭轉了一般人認爲我只是個「溫和沉穩」、「好講話」、「好好先生」的印象。

爲了這一場校園民主選舉，台大醫學院還舉辦了一次史無前例的政見發表會，五月二十三日這一天下午五點半，我們四位候選人同台提出心中對台大醫學院未來的藍圖，吸引了無數關心院長選舉的同仁們前來聆聽，把悶熱的演講廳擠得水洩不通。我們四位都印製了政見宣傳單張，也有幻燈片輔助說明，大部分的人都覺得這是一個好的開始，有助於大家對台大的未來達成共識。

我個人對醫學院未來的服務計畫有六項具體目標：

(一) 決策透明化，多參考台大人之意見，使大家共同作醫學院「主人」

(二) 讓基礎與臨床眞正結合

(三) 統合院內各學系均衡發展

(四) 改善研究環境，加強培育人才

(五) 以開源節流方式，根本改善台大醫院體質

(六) 加速成立醫學中心

許多人認爲我比較有一套完整的治理理念。五月二十五日下午一點半，又有一場長達四小時的

座談會，請具投票資格的「選民」將問題寫在紙上，要求我們四位候選人即席應答。這些問題包括存在已久醫師收紅包的問題、籌募經費、醫學院與醫院統合等問題。座談會當然少不了較尖銳的詢答，當時黃芳彥曾質問我，在台大副院長任內有何成就？

我回答：「副院長輔佐院長，在院長的領導和指示下做事，即使有任何成就，也歸院長所有，因此我不敢說自己有什麼成就。」

說完底下響起熱烈掌聲，根據報紙的一些報導，認為我們四人的表現各有所長、可圈可點。

六月一日上午舉行投票，選舉當天，我從台大舊院區走到中山南路要到醫學院投票，在路口等紅綠燈時，遇到洪啓仁，他對我說：

「陳維昭，看起來你的情勢比較好喔！」

我們一起走到投票處，監票同仁看到兩位候選人並肩走來，都熱烈的過來打招呼，氣氛不錯。我們打趣地問是否可以投給自己？還是乾脆互投對方好了。

投票率九九．五六%的醫學院院長選舉

當天具投票資格的人員有二百二十五位，只有一人缺席，投票率高達九九．五六%，創下我國

投票史上的紀錄。百年來首次的醫學院長選舉，過程平和，雖然有報紙披露，傳出一票一百萬元的賄選消息，應該是空穴來風，不可能是事實。

選舉揭曉，在台大重輩分、講師道的傳統下，我幸運的得到最高票數一百零一票，和第二名的洪啓仁教授相差四十票。但是因爲「推選辦法」的規定，選委會將最高票的我和次高票的洪啓仁推薦給孫震校長圈選，所以得票最高者並不能保證一定是院長當選人。我也讓自己以平常心來面對結果。

在正式的名單公布之前，許多傳言、小道消息、耳語大行其道。一說黨政高層、總統府資政介入關說，孫校長恐怕禁不起這種壓力。一說有投票人士強烈反彈，籌劃抗議校長藐視民意的活動正在醞釀。事實上，名單選出後有幾位老院長約我在來來飯店（現喜來登飯店）會面，問我是否能讓洪啓仁做醫學院院長，他們將協調由我當醫院的院長，說我年紀這麼輕就當醫學院院長不好，而且我到美國學的是醫院管理。

我回答說：「老師，這樣不好吧？人事權是在孫校長手上的。」

事實上，我很不認同這種私相授受的作法。而且當時林國信還在任內，我如果答應，對林院長情何以堪？

雖然等待中的膠著滋味並不好受，但是我能確定的是：如果眞讓我當醫院院長，我不可能接受，否則如何向支持我的眾多教授、副教授交代呢？因為我出馬競選的是醫學院院長，並不是醫院院長。我相信孫校長在決定人選時會充分考量各項因素，也耐心等待最後結果。

正式名單公布

當時各媒體的輿論都普遍偏向我，經過近一週的考慮，結果出爐了。孫校長在六月七日舉行「實習醫師之夜」的晚會上，正式宣布我為新任的台大醫學院院長，於八月一日起生效，並且當場發給我聘書，向我道賀。我在眾人的掌聲中接下此一殊榮，心中無比激動。想當年我從神岡老家北上讀書，成為台大人，而後到日本學醫，到美國留學，一路走來，真要感謝生命中許多的師長相助。我沒有人事背景，做人做事只求堅持、認真、誠懇、勤奮。今天能站在台大醫學院院長這樣崇高的位子上，實在不是我早年能夠預料的。當然，孫校長的這項人事派令比預期的時間提早不少，也引起不少與會人士的錯愕。

我相信孫震校長以這樣速戰速決的方式提早宣布人事案，主要是力求人事和諧，不讓一些台面下的暗中較勁浮上台面，以免影響校譽；同時也展現他不畏壓力，尊重民主選票結果的氣度。他後來也找我面談，提醒我改革要慢慢來，因為歷史證明激進派大都是失敗的。由於我和洪啓仁、李俊仁有十歲的差距，他擔心我這個新生代罩不住，建議我找和洪啓仁同一輩的莊哲彥當醫院副院長，以彌補資深同仁的失落感。對孫校長的細心和周到的考量我由衷感激。

一九九一年八月一日，我正式就任醫學院院長。同一時間，曾經因執照取得等問題而延後的醫院搬遷計畫也正在進行。作爲台大醫院新指標、新起步的台大醫學中心，從開工起歷經十年的漫長時間，發生了物價波動、勞力市場供需失調，面臨社會環境、醫療體系的變動，終於在一九九〇年底完工了。引以爲傲的是——整建的經費總數仍能控制在原有的預算內，在國家十四項大建設中誠屬難能可貴。

過程雖然辛苦，但是由於全體同仁的共同努力，上下一心，我們達成了目標，順利搬遷成功。當我以台大醫學院院長的身分和同仁們走進這一棟設備完善、光線明亮、嶄新的醫學中心內部時，心裡更是無比欣慰。這棟主體建築面積約爲二十五萬平方公尺，在當年是國內建坪最大的單一建築，光建築執照費就高達二百萬之多，創下空前紀錄。整棟建築分爲診療、病房、研究、醫護值班等大樓，屬性各異，管理不同。醫院裡面除了一般的水電、空調、指標、電話和資訊系統外，還有氣送管、運輸箱、醫療氣體、垃圾、汙衣物處理系統等特殊設備，即使是給水、空調也因爲有不同醫療的需求而有不同規劃。台大醫學中心的啓用確實是一個劃時代的起步。

新大樓啓用

台大醫學院院慶

台大醫院百週年慶景福通道啓用

接力賽銀牌

北醫董事會

孫震校長主持醫學院院長交接

國內醫學院院長考察日本漢方醫學

12

到了凌晨兩點多，
警方開始最後一波驅離行動，
當時校方只剩我一人固守現場，
與警方交涉。
我擋住警方，
不讓他們動到李鎮源教授一根汗毛，
否則就是對學術最大的汙衊。
張琪事後告訴我，
驅離行動是由國慶「閱兵指揮部」
直接下達命令，
原本要由憲兵執行，
都沒有事先知會台大校方及醫學院，
令人不滿和遺憾……

第十二章　危機處理的考驗

一百行動聯盟

經過激烈的君子之爭，我順利成為台大醫學院的首任民選院長。我對醫學院的走向與定位、醫院的獨立運作與生存、研究環境的改善、學術發展的空間、人才的培育等都有使命感，希望在我任內能好好發揮施展抱負。但是八月初才剛剛坐上院長的位置不久，十月八日起就有呼籲廢除刑法一百條的「行動聯盟」，在醫學院大廳門口靜坐抗議的事件發生，馬上考驗我的領導力和決策能力。

這件事的背景要稍微細說從頭。從一九八六年起，台灣的社會運動開始風起雲湧，相互激盪。因為台灣經濟躍升，使民眾的自我意識抬頭，渴望參與政治活動來改造社會，追求民主生活。當時有相當多的群眾在街頭衝撞表達理念，希望藉此來達到訴求的目標，政府則以蛇籠拒馬、鎮暴武力來捍衛國家體制。

「一百行動聯盟」為了廢除刑法一百條而生，所謂的刑法一百條制訂於一九三五年，有其時代背景。其內容爲：意圖破壞國體、竊據國土，或以非法之方法變更國憲、顚覆政府，而著手實行者，處七年以上有期徒刑，首謀者，處無期徒刑。預備或陰謀犯前項之罪者，處六月以上，五年以下有期徒刑。

刑法一百條在未修正之前，對於「著手實行」並無明確定義，再加上這項條文一開始就是以「意圖」來下筆，也就是說連尚未執行，只純粹構思都可以處罰，這對執法者而言，可以解釋的空間太大了，因此被認爲箝制了言論自由，也成爲當年野百合學運的四大訴求之一。

爲了廢除這項刑法，由李鎭源、張忠棟、陳師孟、林山田、黃芳彥等台大自由派學者發起「一百行動聯盟」，短時間就動員了不少人員，以「愛與非暴力」的形式出現。七十六歲高齡的中研院院士、也曾是台大醫學院老院長的李鎭源帶頭實際參與所有行動，成爲其中的精神領袖。說起來，李鎭源院長和我淵源甚深，他是我生命中的貴人，當年就是他邀我回台大工作的，決定參選台大醫學院院長也深獲他的支持。

「一百行動聯盟」原本希望透過建國八十週年國慶的「反閱兵」行動，給政府施壓，來達到這一目標。於是有三百多位頭綁黃布條的群眾，包括了不少台大師生聚集在仁愛路的台大醫學院基礎大樓門外開始靜坐。當時李登輝總統找來台北市長黃大洲，力勸李鎭源教授解散。八日下午「一百行動聯盟」爲此開會討論，有人贊成，有人卻認爲不可以虎頭蛇尾，於是決定繼續抗爭到底。我觀察參加「一百行動聯盟」的台大師生從靜坐後表現得還算理性、有秩序，因此便決定在八日深夜就開放大廳讓師生們可以進入休息。

到了九日下午四時卅五分，城中分局大批員警開始在基礎醫學大樓前紅磚道及慢車道以推進方式「清場」，驅趕在外圍看熱鬧的數十名民眾。晚上七點左右，警方先封鎖大樓前的仁愛路慢車道，然後開始驅散附近圍觀群眾。時間越往後情勢越緊張。七點四十分，李鎮源教授從醫學大樓內走出來演講，聯盟的羅文嘉與陳師孟相繼要求管制進出的人員，並勸旁觀的群眾離開。

八點四十五分，憲兵在外圍已經完全接替警方控制現場，隨即在仁愛路上一字排開往林森南路方向全面驅離圍觀民眾，空氣中瀰漫著不安的氣氛。晚上十點，民進黨籍立委陳水扁、張俊雄、盧修一與陳定南到現場探視聲援靜坐的人員。警政署長莊亨岱當天晚上曾通知孫震校長，警方奉命要驅散靜坐的聯盟成員，希望校方勸離靜坐的群眾。

教育部長毛高文和孫震校長已經達成了共識，台大師生在台大校園靜坐由台大負責，但是如果越出台大校門，台大就無權也沒有能力負責。我根據孫震校長的指示，確定基礎醫學大樓的大廳和門口學生聚集處都是台大醫學院的校園，希望軍警能予以尊重，不要強行進行驅離。而且知識分子安靜的表達自己的意見，並不訴諸武力，應該予以尊重和接受才是。

十月九日當晚，醫學院外面有防暴車，上頭是探照燈，在強光的照射之下，人心浮動，情勢顯得異常緊繃，危機似乎一觸即發。我從八日夜間開始就全天候留在醫學院沒有回家，教育部次長趙金祁有來關切，孫震校長則派了教務長郭光雄前來了解和慰問，他在午夜前離開。

由於李鎭源年事已高，我擔心他體力不堪負荷，於是事先請他參觀樓上院長休息室，他必要時可以上去休息一下。但當我覺得李教授有些疲累勸他稍做休息時，現場行動聯盟的成員卻不讓他離開，甚至有人懷疑我搞陰謀，想要調虎離山、故意支開李鎭源，好讓警方執行驅離。對於這樣的曲解和防衛心，我實在不知能說什麼。李鎭源因此繼續待在大樓門口，後來有人拿椅子讓他坐。

警察包圍醫學院

此時警察已把醫學院的大廳團團圍住，我認爲他們極有可能驅離現場的師生，於是立刻和當時的現場指揮官也是城中分局局長的張琪展開斡旋，拒絕任何勢力進入台大校園。張琪也十分節制，我們雙方不斷努力化解，以避免發生更大衝突的可能性。到了深夜，雖然探照燈的強光籠罩大廳，大家都還能保持理性和和平。因爲一個閃失就有可能造成無法想像和彌補的後果，這確是關鍵時刻。

但是到了十日凌晨，警方認爲國慶活動很快就要展開，不想夜長夢多，就出動大批保警開始幾波的驅離動作。只見保警一字排開，刺眼的探照燈把醫學院照得有如白晝一般，警方四人一組的把群眾強行架離現場，上車載離管制區後再放他們回家。現場的掙扎和對抗聲不斷，情勢驚心動魄。

到了凌晨兩點多，警方開始最後一波驅離行動，現場僅有李鎮源、陳師孟、林山田等聯盟核心的台大醫師及教授，警方將李教授等人團團圍住隨時準備開始行動。當時校方只剩我一人固守現場，與警方交涉。我見事態嚴重，此時此刻我心中唯一的念頭是：絕對要保護好李教授，因爲他象徵的是學術自由的精神，絕不容許警方踐踏。於是我出面擋住警方，不准他們動到李鎮源。

再度出面向張琪喊話，我大聲說：

「你們絕對不可以動李鎮源教授一根汗毛，否則就是對學術界最大的汙衊。」

張琪最先以現場將有軍事車輛要進停爲由而拒絕，幾經協調後，准許爲數約三十位的教授留在原地繼續靜坐，周圍則由警方人員以兩圈人牆圍住，說是要保護他們的安全，直到驅離行動結束，這些教授才離開現場。

張琪事後告訴我，驅離行動是由國慶「閱兵指揮部」直接下達命令，原本要由憲兵執行，後來擔心憲兵動作可能較無法控制，才由警方執行，幸好他們的動作還算溫和，如果這項驅離行動是由憲兵執行，會發生什麼事就很難說了，但「閱指部」正式下達驅離行動時，並沒有事先知會台大校方及醫學院，令人感到不滿和遺憾。

但是這事之後，大學校園不容侵犯的尊嚴問題被凸顯出來，多位立委指責警方的行動戕害了校園自主精神和學術自由。台大醫學院隨即舉行了院務會議，與會科系主任一致通過，發表聲明強烈譴責警方驅離行動，是侵入「校產」、違反大學自主的行爲。同時有人提案，應該向發起一百聯盟的中研院院士李鎭源致敬，但有部分教授反對，認爲發起聯盟是個別行爲，不是全院的集體動作，不能用決議表示致敬。

其實，當時台大醫學院內部，也有許多人不贊成一百聯盟，對於教授介入政治不以爲然，面對正反兩面不同的意見，最後我裁示，向李鎭源致敬是應該的，但不需要用決議，改爲大家自由簽名表示更有意義，並由我帶頭第一個簽，整體事件總算圓滿告一段落。當時孫校長曾因沒到靜坐現場而遭非議；並延伸到郝柏村院長在立法院批評孫校長，孫校長因而提出辭呈。後來郝院長道歉，孫校長才打消辭意。社會輿論對我倒是多予肯定，開院務會議時，甚至有許多教授發言表示：「我們到底選對院長了。」

由於以往醫學院院長都年過六十以上，我接院長時只有五十一歲，在外界觀察我這個中生代如何領導老大的醫學院，以及危機處理的考驗中，我對學術自由表現的堅持，處理一百聯盟靜坐驅離案，讓我的聲望相對提高，不亞於分割忠仁、忠義的時期。

這時候，台大學生自治組織則發表了強烈的譴責聲明，列出五點質疑的「給孫震校長的一封信」請求他答覆並表明立場，我和黃榮村等十一位教授也共同發起連署抗議活動，要求有關單位依法處置失職人員，並且保證今後軍警不得進入校園。

而後第二年（一九九二年五月十六日）在立法院三讀通過刑法第一百條修正案，修正後加以下六字：「以強暴或脅迫」，於是言論內亂犯立即獲得釋放，台灣政治言論空間從此大開。

改革醫學教育

處理完抗爭靜坐之後，一切逐漸歸於平靜。我也繼續全力投入校園醫學教育的改革問題。在我之前，台大醫學院和醫院其實是各自為政，不太來往，曾有兩個院長彼此相處不來，甚至不太講話。當時返回台大當客座教授的黃崑巖，在他期滿離去前的一場演講中，就公開表示：「台大醫學院和醫院，只隔著一條中山南路，卻好像兩個國家。」讓我印象深刻。

在當時基礎學科研究風氣較盛，研究表現也較好。相對的，早年臨床研究風氣顯得較弱。有鑑於此，我告訴自己：上任的第一件事，就是去整合基礎與臨床學科，提升研究風氣，化解兩邊的山頭主義。

我協調了醫院戴東原院長，設立每年兩千萬元的整合研究基金，要求基礎、臨床學科共同合作、提出計畫，本來一個計畫最多只補助卅萬元，但共同研究最高可補助六十萬元。不過起初基礎學科教授對此不太熱心，爲了鼓勵他們積極投入，我決定以募款來加碼補助，辦法是如果基礎學科教授能當整合計畫主持人，每月另補貼五千元。經過這些年來，基礎、臨床學科的合作研究已成爲常態，而且臨床學科受益最大，從臨床上的問題，發掘很多研究題目，對提升整體醫學研究品質貢獻不小。

另外一個重要政策是教師再評估。根據了解，有一次有外國學者訪問團到各個醫學院拜訪，一行人來到陽明醫學院，在其簡報中指出，陽明與榮總的ＳＣＩ論文超過了台大醫學院及台大醫院，讓在場的台大同仁深受衝擊。因此在黃伯超院長任內的院務會議提出了——教師再評估辦法。

當時所有醫學院專任教授每年都要接受再評估，由院方組成委員會評鑑研究、教學及服務成績，評鑑不過後會觀察一年，要是再複評沒過就可能不續聘。只是辦法通過後並未認眞執行。我接任院長之後，認爲要提升醫學院的研究必須讓這項制度確切落實。第一年有個教師既不做研究，教學也不認眞，常不來上課，委員會一致支持不續聘；另外有一名教師則是請他提前退休，空出教職，但繼續在醫院當主治醫師。第二年也有兩名評鑑不過的教師提前退休。我們這些措施讓台大醫學院教師再評估辦法從此發揮作用，我欣慰的發現，如此運作後，明顯帶動了醫學院研究的提升。

不過，我認爲教師再評估制度除了嚴謹以外，也要把握兼顧人性的原則，採用多元評量指標，譬如：有些人研究不強，但是教書、帶學生實習都很認眞，評鑑照樣可以通過；有些臨床醫師的醫術在國內首屈一指，也能通過評鑑，評量不應該只看單一的研究成果。

其次，制度的建立在剛開始要非常小心，力求周延完備，應該把各種情況都納入考慮。舉例來說，有一位老師評鑑處在通過與未通過之間，我發現當時他家裡發生了一些變故，他的教學還算認眞，也有心做研究，但是苦於過去一直沒研究成果，於是醫學院決定給他機會，撥了二十萬元讓他做研究，激發出他的潛力。他直到退休都表現很好，後來還常把指導碩士生的論文寄給我看，感謝我當時給他機會。其實研究做不好，往往是種惡性循環，因爲一開始沒申請到國科會的計畫，往後想要有就更加沒機會，但是只要能提供他們起步的研究經費，其實仍然能夠峰迴路轉大有可爲。

我同時也成立「院務諮詢委員會」，聘請一些大老級的前任院長、資深教授及海外校友當委員，輪流到內科、外科等各單位視察，由單位主管做簡報，委員們提供改進的意見，這也可以算是台大系所評鑑最早的開始。

兩岸醫學交流研討

戴東原接任台大醫院院長

醫學院院長時期陪孫校長赴金門勞軍

考察日本漢方醫學

登山是紓壓的好方法

李總統盛讚校長民選是民主政治的具體表現

南非開普敦大學校長夫婦蒞院訪問

UCLA院長訪問

國家衛生研究院董事會議

13

如果改革的方向是對的，
就應該往前走，
困難我來幫忙解決。
我認為，
教醫學倫理不能光上課，
應該隨機教學、用個案討論的方式，
由老師身教，
讓學生更能體會當醫生
不只是有高收入，
更能從救人、服務當中，
得到心靈的滿足……

第十三章　堅持改革之路

醫學教育全面革新

針對醫學院不少沉痾需要改革，我不斷思考改革的方向和作法。為了重振醫德，培養醫師的人文關懷，開始在醫學系開設「醫師與人文」課程，以小組討論方式實施教學，引導學生學習以熱誠來回饋社會，並用智慧化解生活難題，以成熟的個性面對生命中的痛苦和死亡。希望藉此培養學生的氣質、胸襟、視野，薰陶出具人文素養和社會責任感的新一代醫師。

其次，我也透過設立講座的方式，邀請有「台灣史懷哲」之稱的陳五福及其他各界賢達人士公開演講。對教師的升等制度調整各項評分所占的比例，也特別要求審查委員親自到課堂上觀看教學實況。為了「行政革新」，行政人員的工作都重新調整。

此外，我創設了課程意見調查，由學生針對老師上課的表現塡答意見，剛開始遭到許多教師反對，但後來就漸漸地被接受了。我當校長後也把這項措施落實到全校執行。我在醫學院院長任內的另一措施，就是推動小班教學、小組討論的醫學教育改革。其實，台大醫學院推動醫學教育改革早在楊照雄院長任內時就已啓動，黃伯超院長時先後派人到哈佛、芝加哥、克里夫蘭等地觀摩考察。

由於國內早期臨床醫學教育，一直沿用傳統的教學法，即「大班上課、分組實習」，學生習慣被動、單向地接受老師塡鴨式的知識，不習慣發問，也幾乎很難藉由書籍、醫學雜誌去進一步充實相關知識。

以前學校學的知識可以用很久，但現代知識爆炸，學校所學的，可能到畢業就落伍、不夠用了，因此醫學教育必須因應改革，重要的是要能引發學生自我學習的能力與習慣，因此改採啓發式的小班教學是必然的趨勢。

另一方面，我也推動基礎、臨床整合課程。早期醫學系學生大三上過解剖課，但是要到外科臨床實習的時候，往往解剖學都已忘光了。有了基礎、臨床整合課程，外科教授在指導實習時，也要幫學生複習解剖學。透過這種整合課程，使基礎學科教師經由接觸臨床問題、臨床教師加強基礎醫學知識，而得以全面提升醫學教育品質及醫療水準。

不過，第一年推動小班教學及整合課程時，臨床教師反彈很大，因爲加重了他們的負擔，學生也覺得吃不消；第二年我請謝博生出任醫學院教務分處主任，他相對善於溝通，但是初期仍然遭遇許多困難。他有一天特別爲此來找我，他問：

「阻力很大，怎麼辦？我們還要繼續推動嗎？」

我說：「如果改革的方向是對的，就應該往前走，困難我來想辦法幫忙解決。」

我和他討論後，把相關的一些資深教授找來開座談會，告訴大家改革是一種趨勢、勢在必行，請大家幫忙推動。經過幾次的座談、協調，大家漸漸投入，我們將反對力量變成助力，逐漸將課程設計出來，謝博生也愈做愈順，直到他當醫學院院長之後，仍然繼續推動醫學教育改革，加強醫學倫理，開設醫學與人文、醫學與社會等課程。謝教授對醫學教育改革的推動極有貢獻。

日子在忙碌的時間表中飛快地溜走，我努力於教學、研究、人事、行政、考核等事項上力求革新，碰到的阻力自然不在話下，但是我依然在同仁的合作和支持下一一克服了。我有一個很好的紓壓方法——爬山。早在爲忠仁、忠義進行分割手術之後，我就開始爬山了。剛開始，只是偶爾爲之，後來有志同道合的朋友參與，幾對夫妻一起，大家說走就走，最後變成了樂此不疲的每週固定活動。我發現在登高望遠的過程中，環顧青山綠野，心神不禁爲之開闊，一些想法和好友們交換意見，許多問題自然迎刃而解。還記得，我們是在象山上決定投入醫學院院長選舉，後來在七星山頂上決定參與校長遴選。

獲頒傑出校友獎

一九九三年二月份，母校約翰霍普金斯大學表揚我對國內公共衛生醫學的貢獻，頒給我當年的「傑出校友獎」。回顧我在兩年醫學院院長任內所做的事最重要的幾項是課程評鑑、科系評鑑、教師再評估、基礎、臨床整合研究。我還成立院務諮詢委員會，請委員們定期到各科聽取簡報、並提供建言，這是最早實施的系所評鑑。

在各個學校激烈的競爭環境下，我知道如果不突破、不創新，我們很可能會失去國內的領導地位。當然，我並不以此爲滿足，在醫學院院長的位置上，我洞察到了台大更多發展的契機和可能，我希望未來能讓台大站上國際舞台，朝國際一流學府邁進！

台大第一次選校長

在此同時，向來由教育部官派的台大校長人事有了劃時代的改變，在新「大學法」一讀草案在立法院通過，二讀仍遙遙無期的狀況下，台大同仁即開始策劃進行校園中的校長遴選工作。校務會議於一九九二年十月十二日通過「國立台灣大學校長人選推舉委員會」組織章程，隨後於一九九三年初召開記者會公開徵求校長人選，並分成第一階段的公開推薦，第二階段的校長人選座談會，到最後選出五位候選人，由校務會議代表投票選出二到三人，再請教育部擇聘。根據校長推舉辦法，每個學院要指派兩人當推舉委員，醫學院由我和陳定信代表。校長推舉委員會成立後，先到各學院聽取對校長的期望，再接受各界推薦。

雖然這是台大自己的家務事，但是外界一致認爲這一創舉對台灣教育史有恆遠的影響。因爲台大素有學界龍頭的美譽，又是自由精神的搖籃，台大校長的一舉一動都可能風行草偃，因此各方對此無不寄予厚望。

當時醫學院內部討論，台大第一次選校長，在各學院候選人逐漸出現時，教師人數最多的醫學院怎能在這關鍵時刻缺席？不管選不選得上，也應推薦人選，於是有人向我勸進，但是這時我當院長還不到兩年，就要去選校長，相信許多人會有看法，我自己不免有點猶豫。二月十二日院務會議討論達成共識，決議醫學院應推薦人選，而且院長是當然人選。

醫學院在兩年前經過競爭激烈的院長選舉之後，有人以爲會造成派系的後遺症；事實上，醫學院後來的氣氛相當和諧，而且更凝聚了向心力。我做的一些改革措施似乎已變成了我相當大的資產，因此包括歷任的醫學院院長李鎮源、黃伯超、前任台大醫院院長林國信、當任院長戴東原等重量級教授都連署支持我出來選校長。得到這麼多的信任和加持，我實在深感責無旁貸，和家人討論之後，在七星山上，我決定辭掉校長推舉委員，正式參選校長。

台大選校長是國內大事，各界推薦人選踴躍，最先公布的候選人共二十名，除了我之外，還包括許倬雲、胡佛、李亦園、黃崑巖、張昭鼎、郭光雄、楊國樞、刁錦寰、顏清連、羅銅壁、汪群從、戴東雄、吳聰賢、黃昭淵、蘇遠志、李鎡堯、廖一久、許文富及教育部次長袁頌西等人，許倬雲、黃崑巖兩位先後推辭了。

推舉委員會在二月十五日審查通過候選人，三月份即舉辦了七場師生座談會，並寄出七百多份問卷，徵詢相關人士對候選人學術成就、行政能力等問題的看法；之後再做回收並分析問卷內容，其慎重的態度可見一斑。事後，我才知道許多醫院的主管，甚至長庚醫院的醫師都接到委員會詢問我行政能力的問卷調查。四月一日至十九日，推舉委員會分別訪談我們每一位候選人，接下來的兩三天再針對訪談結果做深入討論，然後以無記名投票方式選出五位候選人。說實在，此時我對自己能否成為候選人，毫無把握，只能竭盡所能，平常心面對。

一九九三年五月初，台灣大學校長人選推舉委員會經過如此審慎的作業，從這些角逐者中公布了五位候選人名單，我有幸和刁錦寰、胡佛、郭光雄、顏清連等幾位先生同列其中，心中相當激動。依照台大校長推舉組織章程規定在名單提出之後，二百六十位校務會議代表可以選零至五位候選人。候選人獲出席代表半數以上同意者，依得票多寡排定至多三人，再送請教育部擇聘。

校長選舉開跑之初，我並非聲勢最高之人，論推舉委員會的投票得票數，最高的是刁錦寰、胡佛；論人脈，教務長兼代理校長郭光雄資源最雄厚，我能夠後來居上，除了因醫學院院長政績獲全院支持外，我的治校理念打動了許多人，應該也是一大主因。

我出來選校長之際，醫學院以外的教授，其實對我並不熟悉，他們大多是透過報紙來認識我，知道我是忠仁、忠義連體嬰分割手術的主治大夫，選醫學院院長也選得很轟轟烈烈，因此不少教授認為我這種名醫師、大牌教授應該高高在上，一定不易親近，他們可能既尊敬也有點排斥我。

於是我一一拜訪各學院，有哪些教授想認識、了解我的治校理念，我就和他們開座談會，將大家的想法做一個雙向溝通。從中我也發現，自己對於校務上的許多問題已有對應之道。經過這樣近距離的接觸之後，他們認為我還滿平易近人的，而且很有想法，無形中增加我的人氣。

為了這場選舉，投票的前一天，輪到我在台大體育館報告「我的理念」。當天有近百名校務會議代表參加，也有不少同仁們到場表達對我的熱烈支持，台前的座椅增加了三四排，有報紙登載這是一連四場候選人說明會中人數最多的一次。我站在台上向與會人士表示：

「開放校長選舉是摒棄權威、封建式管理，邁向超黨派、超政治的自由學術殿堂的起步。我主張大學在法律範圍內應享有自治權，舉凡人事、財務、行政都應該自治。校園內不受任何黨派或政治的壓力，當有不當的外力入侵時，校長應該毅然肩負起維護學術獨立、思想自由的責任。」

面對每一張專注的表情，我繼續演說：「在此刻，台大要建立學術自信，提高學術地位。台大不需要做劍橋、牛津、哈佛、柏克萊，而是要善取世界一流大學之長，建立具有獨特學術風格的台大，並帶動國內學術風氣的提升。我如果有機會當校長，我必定努力促使台大優良歷史傳統變成創造性潮流，我有信心能讓台大快速發展，不是因爲我有什麼特殊才能，而是台大有最好的人力資源和傳統。」

這確實是我的內心話。多年以前，我從忠仁、忠義分割手術的整體合作中，深切體會了「精誠合作」的重要性。世界上聰明的人何其多，台大人的智慧、能力當然不輸人，但是學識再高、能力再好，也無法靠單打獨鬥成功。要成就一流的事功，一定先得將人力資源凝聚整合起來，團結合作才是正途。

訪視地震中心工程

代理校長及各院院長都是校長候選人

謝博生（右一）李源德(左一)

宣誓就職

主持李遠哲教授與聖嚴法師對談

14

台大校長的職位崇高又具挑戰性，
很有意義。
我一定會當作一生的榮譽，
做到任期屆滿。
不妄費公帑、不濫用人員、
不營私舞弊、不收受賄賂，
否則願意受最嚴厲的處罰。
我正式接任台大校長職務，
我希望台大不僅是台大人的台大，
更是整個國家的台大……

第十四章　當選台大校長

出馬競選

激烈的選舉即將展開，我心中以爲有選舉就有競爭，就要付出相對代價。固然我們幾位候選人並沒有公開來拜票、拉票，但是首次校園選舉校長期間，難免也出現了一些耳語、黑函的現象，省籍的議題也被提了出來。雖是讓人失望，好在情況並不算太嚴重，我深信大多數人士都能體認台大需要一位什麼樣的校長，而且黑函和耳語對有判斷力的人是不可能產生影響力的。

五月十四日，台大校務會議創造了國內大學校長由校園自行產生的歷史，也得到社會大眾的關注。設在台大體育館的投開票所管制森嚴，校務會議代表們無不積極參與。投票準時從中午十二點開始，到了一點半，已有百分之九十的投票率。二時許，幾乎全部到齊。可以出席投票者有二〇一人，到場投票的就有二百人，幾乎演出「完投」。二時三十分一到，擔任投票開票作業的主席許士軍院長宣布唱票開始，進入了緊張的計票時刻。

一開始開票，我和郭光雄代理校長的票數就十分接近，當我們分別得到六十餘票的時候，情況開始陷入膠著，我們兩人以二到五票的距離，相互的追逐，據說「戰況」激烈。選舉結果，有人形容是爆出冷門，也有人認爲我實力雄厚，勝出早在意料之中。在五位候選人當中，我以一百三十票，領先台大代理校長郭光雄十票之多，獲得最高票。

當捷報傳回院長室，我立即接獲了一批批的祝賀電話和人潮，恭喜之聲不絕於耳，院長室一片喜洋洋。我更成爲文教、醫藥記者們爭先採訪的對象，光一個下午，我先後接受五批記者的訪問。對於這樣的結果，我眞是沒有預料到，也相當高興同仁們對我的肯定。有人認爲我大多拿到醫學院的票，是醫學院團結的結果。事實上，醫學院的校務會議代表只有三十九人，其中又有六人出國，我能拿到一百三十票，足見也得到其他學院的支持。

但是因爲依據組織章程，推舉委員會要將得票最多的前兩位候選人名單報請教育部擇聘，教育部長才有最後的決定權，雖然一般認爲，台大校園強大尊重「民意」的呼聲不容小覷，但是這畢竟不是操之在我的。有了先前選醫學院院長的經驗，我已學會一切以平常心面對。我告訴來採訪的記者說：

「不管怎麼樣，我不會動員或者造勢來爭取教育部的擇聘，如果最後的結果不是我，我也會順其自然。」

爲了答謝代表們的支持，我專程驅車前往台大體育館向大家道謝。香洋也到我的辦公室來恭喜我，讓我的心頭特別有感觸。我能在工作上有所發揮，獲得這麼多同仁的肯定，要多虧香洋一直站在我的背後。這些年來，她放棄她喜愛的音樂，專心持家教子，讓我沒有後顧之憂，是我眞正力量的來源。

一九九三年六月八日下午二時，我應約去晶華飯店二十樓參加教育部安排的面談。離開應考的學生時代已經久遠了，現在卻又像是回到了當年做學生的心情，總是有些緊張的情緒在。到了那裡，已有五位在學界具泰斗地位的資深諮詢委員在場，據說是教育部長郭爲藩親自聘請來的。他們是中研院副院長李崇道、院士李遠哲、國科會主委郭南宏、醫學界大老魏火曜和前政大校長歐陽勛，其中魏火曜先生還是我的老師。

幾位委員都相當仔細的就辦學理念、行政能力、學術成就等幾個大方向相關的問題詢問我，我也一一據實回答。李遠哲先生擔心我作台大校長只是過過水，因爲我是有名的外科醫師，他懷疑我是否眞的會放棄專業，投入行政工作。

我立刻認眞地表示：「台大校長的職位崇高又具挑戰性，很有意義。我一定會當作一生的榮譽，做到任期屆滿。」

其實以我的個性，醫學院院長任期未滿，並不想離開。是因爲醫學院院務會議希望醫學院有人代表，並經全體通過推舉我代表出來競選才接受的。委員們又問到我自認優點何在？

我毫不遲疑地說：「人和與協調能力是我最大的優點。」

我自覺個性溫和，有人會說太溫和了怎麼做事？尤其台大的師生個個都非等閒之輩，要如何能帶得動他們？事實上，做事和做人是不同的，事情要推動，不一定非得採取強勢作法，我非常重視協調和溝通，會盡量讓別人了解我的理念，進而加入我，與我一起推動。

談話到了傍晚才結束，我自認表現平穩；也很高興這個「口試」終於結束了。在回程的路上，我回想剛剛的一些對話，也想到任職醫學院院長近兩年的時間裡，原本大家認爲困難重重的改革方案，經過實施後效果卻不錯。例如對各科系行政、教學研究成效的評鑑，對老師所做的課程意見調查，還有對教師的再評估辦法，這些政策對改善教學、研究，都發揮了一定的功效，醫學院也呈現了團結的凝聚力，這是我最感驕傲的地方。我自認在面對該做的事務時，絕不會因爲人情的因素而打任何折扣。

正式當選

這一天到了晚間九點半左右，就有消息傳出，五位委員一致推薦我擔任台大校長。我於晚上十點多才回家，便不斷接到關切、道賀的電話。杳洋、孩子們和我的至親好友都很爲我高興。當然，我還沒有接獲教育部的正式通知，也不便表示意見。第二天，各大媒體都刊登我將接掌台大的消息。十日上午，教育部將我的相關資料送請行政院核定。

十二日中午，我接到教育部高教司的通知，行政院已正式核定我爲國立台灣大學校長。對於這樣的結果，我眞是覺得何其有幸。在我國教育史上，我是第一位由民主選舉方式產生的國立大學校長，能在這個開創新局的偉大時代中躬逢其盛，已經不是榮幸這兩個字可以表達的。不過因爲整個選舉的過程十分冗長，此時我的心境已相當平穩，並沒有太多的起伏。

六月二十二日，在台大行政大樓第一會議室舉行了台大首任遴選校長的交接儀式。由教育部長郭爲藩親自頒發校長聘書給我，我隨後宣誓：

「不妄費公帑、不濫用人員、不營私舞弊、不收受賄賂，否則願意受最嚴厲的處罰。」接著在郭部長的監交下，我從代校長郭光雄的手中接下了印信。現場一片鎂光燈對著台上的我閃爍不停，我正式接任國內歷史最悠久、規模最宏偉的台大校長職務，一種帶領台大人邁向二十一世紀新紀元的使命感油然而生。環顧四周，我深感雙肩承受了無比的責任，從今天起，我希望台大不僅是台大人的台大，更是整個國家的台大！

我秉持參選時所提的七項策略爲發展架構，努力推動校務：

一、維護台大校園自由風氣。二、建立學術自信，提高學術地位。三、改善教育體質，提升教學品質。四、規劃校園整體發展方案。五、積極爭取經費並合理分配。六、改善組織架構，提高效能。七、建立台大人的共同精神圈。

我積極的將這七大理念付諸行動的同時，爲了順利整合大家的想法，我繼續在醫學院院長期間的作法，定期在每週的行政會議之前，找副校長、三長、主任秘書等人，利用半小時把議程先做一些意見上的交換，然後自由討論。從當醫學院院長開始，我便習慣多聽取同仁的想法，這樣對全體的共識、凝聚力都有好處。所謂的人和和協調力也是從這裡開始的。

徵收土地受阻

我走馬上任後，首先要處理的就是有時間急迫性的第二活動中心預定地，沒想到卻遇上了相當大的阻力。這塊地位於羅斯福路四段東側，公館圓環以北，原本有一百一十八戶，三分之二是違建，一九八七年政府就以五億元公告徵收土地及房屋，但拆遷戶遲遲不願配合，當時的立法委員謝長廷和顏錦福都爲這些拆遷戶請命。

到了一九九四年，由於這塊地台大已經預定要蓋活動中心，再不徵收回來，預算馬上可能泡湯，一切努力都要付諸東流，回到原點。所以我天天與時間賽跑，壓力非常大。但是因爲有立委的支持，要求台大不能拆，中間舉辦了多次的協調會，都不得要領。後來因爲再向行政院另外爭取到一億多的補償金，才逐漸化解攤商的抗拒。

爲了能夠順利拆除，台大總務長王仁宏、學務長羅漢強與攤商代表蔡明華律師協商後承諾，將來第二活動中心蓋好了之後，一、二樓給他們廿年的經營權。謝長廷這時也才說能夠了解台大必須收回的決心、表示同意了。不過他說拆遷當天他還是會和拆遷戶躺在現場，因爲他必須要如此表態，要我們把他抬走就好，幸好他後來沒有這樣做。

由於拆遷必須要由市長下令，但是警察局之後受到市議員的壓力，幾次預定拆遷，都不敢執行。我在拆遷的前兩天又聽說情況生變。於是，在最後一次預定拆遷前夕，我去電找台北市長黃大洲，但是電話都沒能接上，不得已，只好請主秘彭振剛陪我到徐州路市長官邸前面等他。從外面參加宴會回來的黃市長看到我站在門口，客氣的請我們進入官邸入座。我直接告訴他：

「明天非要執行拆遷不可，否則期限過了就無效了。」

黃市長也爽快答應，當場打電話指示拆除。警察半夜開始部署，將現場淨空。台大總務長王仁宏負責監督指揮，他和彭主秘在接近拆除現場、位置卻相當隱密的管理學院樓上掌控局勢，我在宿舍中與他們保持聯繫，隨時掌握現場狀況，氣氛相當緊張。結果拆遷當天，拆遷戶依然準備了汽油桶，大動作表示抗議，零星混亂的情況一直持續不斷。現場出動了約六百名警察壓陣，終於讓台大可以順利完成拆遷，這一連串驚險的拆遷動作在有驚無險中完成。台大於一九九四年四月增加了一點二公頃的校地，校園也因此趨於完整。

在此同時，外界擔心台大校長選舉產生的諸多爭議，可能會造成本位主義的派系問題，我反而覺得實際情況並沒有那麼嚴重。因爲等事過境遷一切塵埃落定之後，我會盡全力思考如何把人、事、物整合起來，凝聚校內師生的共識。我的行政團隊一定用人唯才，而不會考慮他過去支持的對象是誰。

八月一日，國內第一所公共衛生學院，也是台大的第八個學院成立了。這個學院以培植衛生行政、流行病學及環境衛生各領域之專業人才爲宗旨，領導國內公共衛生之教學與研究，並提供相關之衛生政策供政府參考。我於八月二日的慶祝茶會上，將印信交給首任院長林瑞雄之時，心中眞有說不出的欣慰。相信這個學院不但能爲國家培訓許多專業人才，更會照顧到國人的健康和環境生態。

醫學院院長任命風波

緊接著，我出任台大校長後醫學院院長的遺缺補選早已展開，此時浮上檯面的候選人包括——返院接任小兒科主任的國科會生物處處長謝貴雄，台大醫院醫務副院長陳榮基，外科教授李治學等人。由於參選人數爆炸，選舉謠言滿天飛，檢舉文件發向了院外，又出現了對候選人的人身攻擊。

在這些候選人當中，謝貴雄是我的同班同學，陳榮基高我一屆，李治學高我兩屆是我中一中的學長並多年共用同一個研究室，外界因而有人以此大作文章，說這是「近親繁衍」云云。其實，台灣醫界普遍存在著姻親關係、師生關係、同學關係，很容易讓人感覺有所謂的「派系」，我個人認爲其實沒有這樣嚴重。而且第一次民選院長時，也曾經有劇烈的君子之爭，但是選後大家都能偃旗息鼓，凝聚力量。我眞的沒料到在第二次選舉期間，風波會鬧得如此沸沸揚揚，輿論也認爲是國內校園選舉後遺症的開始。

有黑函指出謝貴雄晚上兼差，在院外看診，違反了從前院長李鎭源創下的「專勤制度」。這個制度是讓同仁領取不開業的補助津貼（教授爲一萬，副教授八千），而能專心把時間用在研究和教學的工作上。但是謝貴雄針對這一點提出了解釋，他向推舉委員會表示他將住處的樓下租給一家青田醫院，每月只收一萬五千元。青田醫院曾有病患因爲小兒氣喘情況危急而請求他協助，或者受同仁、親友的請託而看診，基於救人的需要他才幫忙，但是並沒有拿看病的酬勞。他也多次說明，他每天都花十多個小時在做研究及醫院工作，研究成績是所有候選人之冠。

不過也有人不接受他的解釋，認爲他租用退役軍醫執照在家裡開業，是公然說謊，連他在院外看病的病歷單都有。但是經過一再的討論，謝貴雄仍然獲得推舉委員會的推薦，並在激烈的競爭之後，於九月二十五日進行的醫學院教師投票，獲得最高票，比第二名多了十五票，第二第三分別是陳榮基和李治學。依照規定院長推選會要將前三名候選人呈報校長圈選。這時候許多壓力排山倒海朝向我來，不少資深教授對選舉結果不滿，院內反彈聲浪高漲，讓我感到相當困擾。

我經過慎重的考慮，覺得既然推舉過程爭議不斷，在這樣的情況下，作任何的決定都無法凝聚共識，那麼不如依照「事緩則圓」的精神，以「暫緩任命」來冷卻選舉的後遺症，我在九月二十九日寫信給代理院長謝博生表示：

「衡諸當前情勢，經考慮再三，擬暫不任命新院長……，希望等院內同仁經過一段冷卻期後，能發揮智慧，重新構思良策再出發。當然，如果院內同仁認爲選舉作業已經完成，意見已充分表達，我會尊重同仁的意見重新考量。」

其實謝博生從籌辦選務到處理一切院務的三個多月以來，感覺自己像夾心餅乾，在這一片紛擾中，早就想交出這個燙手的山芋。但是我知道以他的處事和能力，現階段唯有他能使院務順利進行，我當然只有拜託他忍辱負重，繼續代理一陣子。

謝博生在接到我的信函之後，特別召開了臨時院務會議，徵詢大家的意見。結果有些同仁認爲選舉結果已經產生，希望我能決定適當人選；有些人則希望修改選舉辦法，重新選舉；還有人表示任命案可以暫時凍結一段時日，等同仁們的情緒冷卻後再談；也有同仁要大家自我反省，去「傅鐘」旁邊好好想一想。

與傅文堯先生合影

15

這時候，
選校長和選醫學院院長之後產生的
兩股力量結合起來，
有許多教授認為要處理這個問題
得先處理我，
這時，
我再次面臨排山倒海而來的壓力，
正是山雨欲來風滿樓，
四圍一片烽火延綿……

第十五章　困境與轉折

院長人選引起各界關切

這段期間，李鎭源、彭明聰、張傳炯、陳定信諸位教授多以寫信或親自登門的方式，表達他們對院長人選的看法。包括當時的立委陳水扁也來電，對院長人選表示關切。

十月二十二日，部分校務會議代表在校務會議提案，希望我能儘早決定院長人選。提案中特別指出：「爲了醫學院院務的順利發展及尊重校長的決定權，敬請校長在近一個月內早日決定新院長人選。若有任何困難處，也請早詳告，以便各方面全力配合。」

經過審愼地考慮之後，爲了尊重醫學院選舉的結果，我在二十八日宣布任命現任小兒科主任謝貴雄擔任院長，十一月一日起生效。我知道這個選擇會讓反對者反彈，可是如果選別人一樣會有爭議，不如就依票選結果定案。因爲既然是大家通過的遴選方式就該予以尊重，否則所有的選舉都可以選後再翻案，以後會後患無窮、永無寧日。我當然也有心理準備去面對可能會有的反撲，我知道，既然坐上了校長這個位置，就必須承當一切後果，沒有逃避的藉口。

十月三十日，我的老師李鎮源召開記者招待會，發表「大學的精神與教育理念——良知的自省與理性的呼喚」公開信，指責我的任命嚴重損害台大及台灣社會，同時要求法務部、教育部、監察院調查謝貴雄的開業情形。李教授是邀我回台大的貴人，也是我在「一百行動聯盟」事件中全力保護的恩師，和醫學院的淵源深厚。對於老師這樣的批評，身爲學生的我實在不能說什麼。

謝貴雄這時候不再辯解，只說願意靜待司法調查。我認爲他在上任之後的當務之急應該力求諒解，儘量低調，多做協調。交接日因爲我去香港開會，因此事先請謝貴雄、謝博生來討論，希望交接儀式能夠簡單低調。沒想到我自香港回來，看到報上新聞說祝賀他當選的花籃從二樓辦公室一直排到了一樓。我心想完了，這不是擺明要挑戰嗎？

前所未有的困境

這時候，選校長和選醫學院院長之後產生的兩股力量結合起來，有許多教授認爲要處理這個問題得先處理我，把我拉下來才行。於是他們參與「對台灣大學陳維昭校長的質疑與諍言」連署，並向校務會議提案，要求組成公正的調查小組調查我爲何要選謝貴雄；並且要求我要爲醫學院院長的人事任命案的調查結果負起行政責任。

這時我再次面臨排山倒海而來的壓力，正是山雨欲來風滿樓，四圍一片烽火延綿。這是我接任校長以來首次遭遇到的最大困境，似乎校長的位置就處在地震震央地帶。那種無形的低氣壓，眞會讓人無法遁形、無法喘息。終於等到這一天校務會議開始進行，席間雖然有人砲聲隆隆，矛頭指向我，但是有更多人認爲再這樣下去也是沒完沒了，因此成立調查小組的提案沒能通過。至此，這件風波終於慢慢平息。這次校務會議是我校長任內由困境逐步邁向坦途，一個重要的轉捩點。

我和謝貴雄深談過多次，感覺他不與人商量、孤意獨行的個性很容易引起反彈，也勸他如果能改變作風，努力整合，一些恩怨是非也不是不能化解。大約在一年之後，他主動提出了辭呈。爲了讓陣痛過去，謝貴雄在任內修改了醫學院院長的選舉辦法，將過去普選制改爲遴選制，由遴選會選出不超過五名候選人，交由校長選出兩名，然後再請遴選會做最後決定。謝貴雄辭職後，醫學院院長繼續由謝博生代理，並重新遴選院長。新組成的院長遴選委員會，最後選出謝博生接任院長。

建立制度化的法治校園

謝貴雄任命案平息後，我開始積極建立制度化的法治校園，因爲校長民選時代的來臨，象徵師生同仁擴大參與校務的時代進入新的紀元；也象徵台大將進一步擺脫權威、邁向民主，擺脫人治、邁向法治，而最具體的工作就是組織規程的修正。組織規程草案的研擬起始於孫震校長任內，我接任後一九九四年十一月校務會議正式開始審議組織規程修正案，歷經八個月十四次會議，連續幾個週末，從上午到下午反覆討論，終於在一九九五年六月三十日，將全案修正通過。回顧審議的八個月中，各方據理力爭，毫不相讓的情況頻頻出現，尤其是針對第十三條有關行政單位架構的問題，因爲牽涉到軍訓室的定位，歷經四次會議折衝樽俎，不斷提出修正案，卻也不斷遭到否決，最後，我只好在會議進行中宣布暫時休息，把各方代表人物請到第一會議室旁的小會議室來協調，請大家各讓一步，才終於獲得解決。這一個經驗，讓我深深體會到，在校園民主的實際運作中，協商與包容是非常重要的關鍵。組織規程的修正完成也讓台大校園更趨於穩定。

我深知人事的複雜，因此從醫學院院長轉任校長時，只帶了兩個人——機要秘書蔡素女小姐和司機張政治先生。其中蔡秘書由醫學院跟隨我到校長室，幾乎台大人都知道她是我最得力的助手，幫忙排難解憂，解決不少困難，但行事低調、客氣，謹守本分，那股愛護台大的心意更是無人能比，深受台大師生、同仁的喜愛，也因此在我卸任後，李校長仍繼續借重她。張先生則經歷醫學院七任院長，負責盡職、忠心耿耿，後來繼續爲李校長服務，直至屆齡退休。

因爲沒有自己的班底，沒有所謂「國王的人馬」，各方都向我推薦幹部人選，曾代表孫校長勸我出來競選校長，當時借調擔任立委的劉瑞生，有次受孫校長之託找我，建議可找汪群從當教務長，汪群從原來是台大工學院院長，後來轉任國立海洋大學校長，能力形象都很好。他當海洋大學校長不到兩年就辭職回台大，許多台大校內的自由派學者認為，是國民黨特別安排他回來選校長的。他因此雖也被推薦為校長候選人，卻沒能通過推舉委員會第一階段的遴選。

我們於是約在端午節到汪群從家裡拜訪，還記得當天下著傾盆大雨，劉瑞生、孫校長先到，我後到，大家相談甚歡，我也覺得汪群從相當適任，於是就當面邀請他當教務長。然而，汪群從卻不被綠營人士接受，他當教務長的消息一傳出，馬上出現反對聲浪，抨擊是孫校長施壓我用國民黨人馬，包括李鴻禧、林山田甚至醫學院大老李鎮源都表示反對，婦產科教授周松男、凝態科學中心教授黃昭淵，還請李遠哲出來勸阻此事。

一天晚上，周松男請李遠哲、黃昭淵和我到他家中，當時李遠哲直接問我，這件事究竟怎麼樣了，是否還有轉圜的餘地？我告訴他，已經見過汪群從並且答應了對方，此時恐怕不宜生變。李遠哲倒很客氣，說如果已這樣決定，也就沒辦法了。

這件事後來鬧到立法院，立委李慶雄質疑孫震不應該干預校務，校內同仁也紛紛前來表示反對意見，眼見事情愈鬧愈大，我不得不妥協，告訴汪群從，我能當校長的原因之一，是遴選委員看中我的人和、協調能力，如果一上任，就為了人事而爭吵不休，將不利將來推動校務，因此教務長人選可能要另做考量，汪群從也坦然接受表示支持。

其實，熟識孫校長的人都知道，他是謙沖君子，當時他純粹是一番好意來推薦人選，絲毫沒有施壓的味道，決定權仍在於我。最後我改找電機系教授郭德盛擔任教務長，他的專長是醫工，和醫學院一向有合作，形象不錯，人很溫和，也有協調能力。沒想到換成他，因爲他也是國民黨員，綠營方面還是有意見。立委施明德等人在立法院提出書面質詢，抨擊我用了太多國民黨的人。

我回應：「我自己不是國民黨員，用人的標準是唯才是用，不會考慮他是哪個黨派。」因爲當時較有行政歷練的教授中國民黨員爲數不少，這自然是無法避免的結果。這一人事任命意外捲入了藍綠之爭，媒體也不斷報導，引來不少誤會。

此時校園民主的風潮已銳不可當，爲了使大學自主精神獲得更進一步確立，我在教育部召集大學校長座談修改大學法時，就力主大學應受學術自由保障，在法律範圍內享有自治權，而這也正是我參與校長遴選所提出的重要理念。

一九九四年一月五日，大學法修正施行，第一條明定「大學應受學術自由之保障，並在法律規定範圍內，享有自治權。」其自治權範圍涉及研究與教學的學術重要事項，包括大學課程如何訂定，也屬於大學自治的範圍。

在新大學法公布實施的十天後，台大首開先鋒，校務會議通過軍訓護理課程改爲選修，此後更進一步修正學則，決定學校自訂全校共同必修科目開設事宜，成爲第一個實施課程自主的大學；三年後，台大又締造紀錄，將大學軍訓室主任，改由文職教授擔任。

軍護課改為選修

其實早在新大學法公布實施前，即一九九三年底，台大學生會就先舉行複決投票，以贊成票八十五％，反對票十一％的壓倒性多數，通過將軍訓護理課程改爲選修，雖沒有任何實質效力，但已顯示多數台大學生並不希望被強迫上軍護課，應讓學生自由選擇。

平心而論，大學軍訓課及教官是台灣戒嚴時期不正常的特殊現象，先進國家絕無僅有，儘管教官過去對於大學有很大貢獻，但軍護課改選修、教官退出校園都是遲早要解決的問題，但要從制度面一步一步來，我以爲不能操之過急。

我曾對媒體表示，軍訓及護理課程改爲選修沒什麼不好，因爲改爲選修後，反而有助於提升軍訓及護理課的教學品質，學生也可自發性的去學習。不過教育部軍訓處則認爲這項決議違法，要台大自行負責後果。郭爲藩部長也爲此接見我表達強烈的不滿。

一九九五年一月十三日，全國大學校長會議做出決議，軍護課大一維持必修，大二以後開放爲選修。教育部透過校長會議的決議，給台大壓力。當時我的回應是：台大仍然決定維持全面選修的做法，等到大法官會議做出解釋後，再做應變。同年五月廿六日，大法官會議做出釋字第三八〇號解釋，支持台大軍護課選修是大學自治範圍，教育部終於無話可說。

解釋文指出，憲法第十一條關於講學自由的規定，是對學術自由的制度性保障；就大學教育而言，應包含研究自由、教學自由及學習自由等事項。大學法第一條第二項規定：「大學應受學術自由之保障，並在法律規定範圍內，享有自治權」，其自治權之範圍，應包含直接涉及研究與教學之學術重要事項。大學課程如何訂定，大學法未定有明文，然因直接與教學、學習自由相關，亦屬學術之重要事項，除非法律有明文規定，否則為大學自治之範圍。

至於大學法施行細則第二十二條第三項規定：「各大學共同必修科目，由教育部邀集各大學相關人員共同研訂之。」但大學法並未授權教育部邀集各大學共同研訂共同必修科目，大學法施行細則所定內容即不得增加大學法所未規定之限制。

軍護課改選修之後，我接著推動軍訓室主任改由文職教授擔任。早期軍訓室主任都由教育部軍訓處推薦職級相當的教官來擔任，教官的升遷必須由教育部決定，考績不是學校打的，導致部分教官對學校忠誠度相對降低，他們服務品質的優劣與否，學校都管不到，甚至有少數教官還專門打小報告。

因此，我決定將軍訓室主任改由教授擔任，由課外活動組主任黃宏斌轉任；教官的考績必須經過學校核可之後才送教育部，如此才能鼓勵眞正認眞的教官。教育部最早也認為台大此舉事態嚴重而且不合法，所幸，台大原先報教育部核定的組織規程就訂定軍訓室主任由教授或職級相當的人員擔任，並由教育部核備在案，因此由教授擔任是完全合法的。可以說，這件事早在修組織規程時，就已經留下伏筆。

一九九八年三月廿七日，大法官會議做出第四五〇號釋憲案，認定大學法規定大學應設置軍訓室、負責軍訓及護理課程是違憲的，更進一步維護了大學自主，讓政治歸政治，學術歸學術。台大軍訓室後來縮編成「軍訓組」，遇缺不補，只剩一、二十人，主要職責是維護校園安全、危機處理和急難救助。事實上，我發現很多教官的表現很用心、認眞、機動性強，對學校的幫助很大，等他們退伍後，校方還是可以用約聘方式回聘表現良好的教官。

致送謝博生醫學院院長聘書

在紐約區校友會致詞

1994香港校友會

與郭為藩部長合影

溪頭行政會議後訪和社

醉月湖划船賽

參與學生活動

開辦台大藝術季

與吳樹青校長 羅豪才副校長合影

北京大學贈書(歷任校長出席)

與中國國家教委副主委 韋鈺女士合影

兩岸交流與南京大學（蔣樹聲校長）簽約

16

解嚴之後政治已日趨民主，
我當校長半年後，
通過校務會議決定成立
「台大哲學系事件」調查小組。
如今戒嚴早已解除，
但是這些當事人依然承擔著
莫須有的罪名，
精神受到的創傷更是難以彌補。
台大自由的學風因而被壓制，
甚至有一說為哲學系師資產生斷層，
教學與思想品質嚴重下滑，
台大學術思想開始趨於保守，
學生自救運動呈現了衰退……

第十六章　捍衛學術自由

兩岸學術破冰之旅

一九九三年，我剛擔任台大校長之時，兩岸學術交流方才起步，國立大學校長還不准到中國大陸訪問，然而我以為兩岸交流已是趨勢，未來一定要走的方向。這一年台大總務長王仁宏到大陸參加一個學術會議，和北大校長吳樹青見了面，吳樹青當時就託王仁宏轉帶了一封信給我，邀請我到北大訪問。

一九九五年元月，吳樹青率團到台灣訪問，也親自來台大拜訪，他當面邀請我到北大參訪，順便簽訂兩校的合作協議。當時的教育部長是郭為藩，表面上政府仍不准許國立大學校長前往大陸，實際上卻是樂觀其成。於是我們事先向教育部報備，同年的四月三日，我率領法律、管理學院院長等主管，以及借調擔任立委的劉瑞生教授，經由香港飛到北京，展開兩岸學術的「破冰之旅」。

抵達時由學法律的北大副校長羅豪才接待我們，他後來轉任中國人民最高法院副院長，是推動兩岸交流的靈魂人物。大陸的國家教育委員會副主委韋鈺、海協會副秘書長張金成分別在北京飯店設宴招待台大代表團，他們表示，大陸官方也很樂見台大、北大這兩所龍頭學校簽訂交流協議。

四月四日，兩校商討合作協議的細節，雙方遇到一個很大的困難，主要問題是在於台大的校名。台大的中英文全名，都是「國立台灣大學」，但大陸當局不可能同意台大前面冠上「國立」的字眼；北京大學本來就沒有「國立」兩個字，若以台灣大學、北京大學之名簽約，對北大就沒問題，但是如果拿掉「國立」兩個字，則不是台大的全稱，如此台大無法接受。

經過兩天兩夜討論，雙方最後靠智慧化解爭議，各退一步，決定都用簡稱來簽訂「台大與北大學術交流備忘錄」。如此一來可以排除相當敏感的政治問題，因為在華人世界，台大、北大指的是什麼學校無庸置疑。當時我們還問北大，簽約要用簡體或繁體字，他們倒是不介意用繁體字。

我們回台灣之後，將台大、北大簽訂的合作備忘錄，依規定報教育部核備，但報上去之後，卻遲遲沒有回文。相信這是因為事情敏感，教育部雖然樂觀其成，卻是不能接受，也無法拒絕，最後只好「默認」不回文。從此之後，國立大學校長不能訪問大陸的慣例，就算正式被我打破了，兩岸學術交流更加頻繁，持續至今。

在台灣光復五十週年，台大創校六十七年校慶時，北大副校長王義遒率圖書館長等人來訪，代表北大贈送台大一九五〇到九〇年大陸出版的十萬冊人文社會科學期刊，作為校慶賀禮。這些都是在大陸文革封閉時期的出版品，台灣可能有錢也買不到，北大能夠慷慨捐贈，對台大相關研究很有幫助，雙方的情誼也由此可見一斑。

台大教授借調風波

時間來到了一九九四年下半年，身爲台大校長，我和行政團隊再次經歷了一場風浪。因爲選舉而有了政黨輪替，政治氣氛開始了嶄新的階段。位於全國首善之區的台北市長寶座首度被民進黨拿下，民眾對此有許多期待。於是陳水扁在當選台北市長之後，向台大借調了陳師孟、吳英璋、張景森、林逢慶等多名教授擔任副市長、教育局長、建設局長等職務。當時陳明是要借調四年，因爲陳水扁是台大校友，初任市長力求有所作爲，於是行政會議通過借調案。

沒想到後來有校務會議代表發現，行政會議的決議與校務會議之前的決議有所牴觸，台大教授借調應該比照教育部規定，一次只能借調三年，若法律有任期規定者，才可依任期延長，像考試委員就可以延至六年。

至於這個決議的背景正是當年台大發起「學官自清」的結果。早在一九八九年初，戒嚴後的學運史就以「學官兩棲」、「學黨兩棲」爲抗爭訴求。因此，當時的校務會議就通過了由黃武雄、楊國樞、黃榮村、陳師孟等人的提案，目的在「爲端正大學教育以學術爲主之本分，釐清學仕殊途」。

提案的第一條是「本校專任教師借調擔任政府機關或公立學校專任職務者，期間以兩年爲限，必要時得延長一年，有法律明訂任期者，以一任爲限」，限制了台大教師學官兩棲的條件。當時輿論對台大校方的決議十分肯定，連署提案的自由派教授也認爲他們在台大的校史上有所貢獻。

依照大學法，校務會議是全校最高的決策單位，權力高於行政會議，亦即是行政會議的決議不得牴觸校務會議之決議。台大之後還行文內政部，詢問台北市副市長等職位有無法定任期，內政部回函說沒有。行政會議重新檢討之後，決定陳師孟等人的借調期限更正爲三年。

但是陳水扁市長知道這項決議後，認爲這樣一來必然會對市府造成極大的困擾，等他做到第四年，重要核心幕僚都必須返回學校，市政的執行會大打折扣。於是馬永成有一天來電，表示市長希望能與我見面，就約在凱悅飯店，當時馬永成、羅文嘉都在場。

陳水扁見到我之後表示希望台大能對借調一事多幫忙。我當下告訴他：

「行政會議最初同意借調四年完全是出於好意，後來，發現和校務會議的規定相牴觸，因此不得不做修正，這純粹是法律依據的問題，絕非刻意和你唱反調。」

陳水扁等人也表示了解。

不過有一天，當媒體就台大改變借調期限的事詢問陳水扁意見時，陳水扁對此大爲光火，因而說出：

「未來台大對市府的任何要求，都沒有特權，一切依法辦理。」

一時之間，媒體爭相大肆報導，刊登台大不准陳師孟等人借調四年的消息。有政論雜誌甚至以「台大與台北市政府的一場惡鬥、戰爭」為標題，來凸顯其中的衝突。認為陳師孟是「立法者而不守法」、「以今日之我否定昨日之我」。市府後來還告到監察院，指控台大行政會議出爾反爾，修改借調四年的決議。後來被監察院駁回，因為根據調查結果認為，行政會議因為原先的決議牴觸校務會議，才提案重新決議，程序上並無問題。

對於借調的事，我自認完全就事論事、依法處理，不分黨派、一視同仁，絕不因人而異。三年之後，陳師孟、吳英璋依規定回台大，擔任建設局長的林逢慶一時走不了，在期限的七月底前，他特別來找我討論，希望知道我的態度。由於他的研究做得很好，我建議他不妨先辭職，把剩下的一年局長做完之後，再回聘資工系。我告訴他只要系上沒有問題，校方就不會有問題。一年後他果然順利的回到台大。至於原本任教城鄉所的張景森，和所裡鬧翻了，後來就留在市府，沒有回台大。

經過陳師孟事件的衝突之後，台大後來向北市府申請徵收土地、封閉舟山路時遭遇到很大的阻力。北市府把有些地撥給自來水廠，讓台大的徵收發生了許多困難，幸而最後還是克服種種難題，完成收回舟山路的艱鉅任務。

借調事件漸漸平息之後，緊隨而來的是兼任黨職的問題，讓我感到真是一波未平一波又起。也是因爲同樣的政治背景，除借調規定外，校務會議同時有台大教師不得兼任黨職的決議，據說爲此當時兼任國民黨黨職的蔡政文、吳文希先後辭去兼職。一九九六年，相繼有林山田出任建國黨副主席，高成炎出任綠黨主席，林向愷出任民進黨黨職的報導，人事室提醒我這些兼職違反校務會議決議，因此學校發文給幾位教授請他們辭去相關兼職，經過一番折衝，他們也都辭去兼職，不過心中難免有所不滿，認爲我專找他們麻煩。一九九七年行政院內閣改組，衛生署長張博雅預定卸任，時任台大醫院院長戴東原是各方推薦的繼任人選，但最後是由詹啓賢出線，不知是否爲了補償，不久李登輝就提名戴東原爲國民黨中常委，校方還是依照規定請他辭去該項兼職，爲此聽說李登輝以及當時的國民黨秘書長章孝嚴很不以爲然，覺得台大校長竟然管到國民黨的中常委，章孝嚴還請我的表兄立法院劉松藩院長來與我溝通。不過我堅持規定就是規定，任何政黨都必須遵守，戴東原也很快的辭去國民黨中常委。

林山田是我第一次續任校長時，校務會議上強力杯葛的代表人物，爲了黨職案，對我更是不諒解。不過隨著時間的過去，也漸漸了解我的爲人處事、行事作風，就在他退休前幾天曾親自邀請我出席他的退休茶會，可惜我因爲已經排定參加在美國召開的環太平洋大學校長會議，而沒能赴會，至今仍然深以爲憾。如今林山田教授已經往生，回憶起這一段，眞是不勝欷歔。

值得欣慰的是，雖然在一些過程中，部分教師和校方因爲立場不同而難免有所衝突，也可能對我不諒解，但是，事過境遷之後，大都能平心靜氣、理性對應，共同為學校的發展努力。台大校園內不論黨派、不分顏色，普遍的支持是我這些年來能夠順利推動校務最主要的憑藉和力量。

與學生的互動

與學生之間的互動也是如此，我上任的第一年，學生會會長黃國昌延續過往的作風，對學校採取對抗的態度，曾經發生學生在行政大樓外牆噴漆的事件。許家馨接任後初期也曾有多次衝撞情事，不過漸漸地產生了默契。我了解當學生會長不能沒有作為，也鼓勵他們在必要時要有所表現，但必須保持理性。我和教師們討論，覺得當時的校園生活實在太過單調乏味，青年人精力旺盛，卻無處發揮，豈不可惜？因此我請學務處規劃，自一九九四年起每年五月舉辦「台大藝術季」，結合校內康樂性社團辦理成果展示及期末公演。藝術季之後，陸續推出杜鵑花節、醉月湖音樂會等活動，希望透過多元的社團活動以及經常性的藝文節目來營造一個優雅的校園環境與文化。

許家馨在畢業離開台大後仍時而會回學校來看我，也讓我有機會在他的婚宴上為他們祝福。學生會長中，還有羅吉芳為幫助學校爭取舟山路回歸校內道路，曾經申請暫時封閉舟山路辦舞會以喚起注意，張榮法則為收回八一七醫院多方奔走陳情、靜坐抗議。說起來，學生也是學校發展的重要助力。學生社團中像福智青年社，自我擔任校長之後，就會定期來找我談話，至今未曾中斷，我常說學生找我談話，是希望能從其中學到一些東西，然而，我從學生身上獲得的其實更多。有時學生的一張卡片、一句問候，就會讓我感受到那種曾為人師、曾為校長的欣慰和滿足。

校長的職責是在政治上力求中立，在學術上強調自由。美國大學教授協會在一九四〇年發表「學術自由及長聘宣言」，開宗明義表示：保障大學教授教學、研究、出版及在校外演講的自由。然而無可諱言的，在早年的戒嚴時期，以政治干預學術是司空見慣的事。在這樣的時空背景下，台大發生過幾件大事，使學術自由蒙上陰影，也引起國人強烈的關注。

台大哲學系事件

解嚴之後，國內政治已日趨民主，校內部分教授以及社會上一些民間團體和民意代表希望對沉寂多年的「台大哲學系事件」加以調查，以釐清事實眞相。我當校長之後，主動在行政會議提案，並經校務會議通過，決定成立調查小組，調查「台大哲學系事件」。

這件事追溯起來已是將近二十年前的往事了。根據史料分析，在一九七〇年代，由於中華民國接連在國際政治舞臺上受到一連串嚴重的打擊，譬如被迫退出聯合國、尼克森訪問中國大陸、與日本斷交等，幾乎在同一時期所發生的釣魚台主權爭議，便成爲台大學生表達政治關懷的最佳途徑。

然而當時政府對於大學生以「愛國」之名進行學運串連有所疑慮，於是開始將政治力伸入校園。從一九七二年十二月到一九七五年六月之間，當時任教台大哲學系的部分教師和學生遭到誣陷，蒙受了不合理的待遇。陳鼓應、王曉波等八名教師受到不續聘處分而被迫去職，整起事件稱之爲「哲學系事件」。

雖然戒嚴早已解除，但是這些當事人依然必須承擔莫須有的罪名，精神受到的創傷更是難以彌補。台大自由的學風因而被壓制，甚至有一說認爲哲學系師資產生了斷層，教學與思想品質嚴重下滑，台大學術思想開始趨於保守，學生自救運動呈現了衰退。

經過由數學系教授楊維哲等七人組成的調查小組，深入檢視學校檔案、蒐集報章雜誌、訪談事件關係人、閱讀政府有關部門的檔案資料，前後花費幾近兩年的時間查證，終於在一九九五年六月底提出報告，將眞相公諸於世。雖然受限於沒有司法調查權，無法追溯並查證校外政治干預力的源頭，但是蒐集的資料已足以研判校外政治勢力的不當介入，是哲學系事件發生的主要原因。造成的負面影響相當深遠。因此，台大除了譴責政治勢力介入的不當之外，更宣示台大在我國逐步邁向民主法治的趨勢中，將進一步爲維護大學自主與學術自由而努力。另外，哲學系事件所有的受害者，應該以適當方式回復其名譽，對有意回復教職者，應該徵詢其意願，恢復他的教職。

在最初的調查報告，曾提到類似追究閻振興校長責任、撤銷名譽教授等意見，在校務會議討論調查報告時也被提出。不過，我堅持進行哲學系事件調查的根本目的在於釐清眞相、還原歷史，期待未來不會再有類似的情形發生。因此，大家應該往前看而不應再製造任何新的恩怨；何況，閻校長處理哲學系事件有其時代背景，我們不能以今論古。校務會議接受了我的意見。

後來，陳鼓應教授特別從美國返台到台大來拜訪我，表達對這樣的結果感到欣慰和感激，也迫不及待地將此事告訴他的妻子和子女。王曉波教授感謝台大校方給他們平反的機會。他們蒙冤多年，心中的激動可以體會。其實還原歷史眞相，不讓冤屈的事被歷史洪流掩埋，是我認爲身爲台大校長應該做的工作，因此在我任內，一定盡全力推動合乎公平正義的事情。同時，大學是一個追求眞理、創新知識的殿堂，要能獨立自主，更要保有理想性，爲此，校方有必要提供一個完全自由、開放的學術環境，好讓師生無所顧忌的追求眞理。

到了第二年六月，校務會議通過辦法，陳鼓應、王曉波、胡基峻、李日章等人回復教職，趙天儀、黃天成、楊斐華等人領取賠償金。哲學系事件調查告一段落之後，校務會議緊接著通過成立四六事件資料蒐集小組，由黃榮村當召集人。這一事件發生於一九四九年四月六日，警總拘捕台大、師大學生多人，經過調查之後，於校務會議提出總結報告，供校史參考，也再度宣示，除非是現行犯，否則未經校方的同意，軍警不得進入台大校園抓人。

開辦勞動服務課程

開辦杜鵑花節

醉月湖音樂會

杜鵑花節各系所攤位

邁向新世紀

杜鵑花節與參訪學生合影

17

台大校園向來有杜鵑花城的美譽，
每年春天校園內的
杜鵑花開得多姿多采、美不勝收，
於是主任秘書林政弘向我提議
辦一個介紹台大系所的學系博覽會，
名為「杜鵑花節」。
兩天的活動吸引了
上萬名來自各地的高中生、家長、
老師和社區居民參與……

第十七章　重建校園文化

收回校地及捐贈建築

隨著校內外環境的變遷，我經歷了不少棘手的問題。譬如：「收回台大校地」，因爲牽涉甚廣，必須多次與國防部、內政部等中央部會談判、協調、斡旋。所幸國防部公館營區、中研院地球科學所、國際青年活動中心、僑光堂（鹿鳴堂）等地在一兩年陸續收回；又譬如：爲「校務基金」募款，我先請出辜振甫先生出任台北市台大校友會理事長，接著推動在全國十一縣市成立校友分會，然後成立台大校友總會，把校友會的系統建立起來。當然，我的重點仍是以台大國際學術地位的提升和台大形象的塑造爲主，因此先後與百多所國際知名的大學簽約。

還有一件大事是——得到了台南幫企業第一代領導人吳尊賢先生捐贈的「尊賢館」。一九九七年這一年，是吳尊賢伉儷的八十大壽及鑽石婚紀念。有一天，他的幾位公子及在台大醫院服務、也在醫學院任教的女婿林凱南一行人，由吳豐山先生陪同到台大來見我。他們表達爲了祝賀吳先生的八十大壽，以及感謝吳先生因糖尿病長期在台大醫院接受治療和照顧，吳先生希望捐一棟建築物給台大師生使用。

面對這項突如其來的奉獻，眞是讓我又驚又喜又感動，立即交付總務處規劃興建學人招待所，造價約兩億。這也是我擔任台大校長後募到的第一棟上億元的建築。採用先建後贈的方式，再委外經營，爲日後的捐贈建築立下了標竿。

續任校長遭流言中傷

我的校長第一任任期即將在一九九七年的六月下旬屆滿，依規定學校要在任滿前一年的五月召開臨時校務會議，聽取我的就任成績報告，然後舉行信任投票，來決定我是否能續任校長。

沒想到在投票前夕的四月下旬，當年參與忠仁、忠義分割手術的洪文宗教授突然跳出來，和法學院的教授一起開記者會，向媒體表示他才是當時操刀與主持規劃的人，我既非忠仁、忠義的主治醫師，手術過程也沒動刀，卻沽名釣譽，掠奪別人的成就，還藉此升上教授。

洪文宗教授大我十六歲，是我的前輩，也算是老師。他在小兒外科輩份最高，被老師這樣公然指責，我的心情不免沉重，也相當困擾。我實在很難理解爲何事隔多年之後，洪教授先是投書，後又開記者會攻擊我，但此時我身爲校長，他又是我老師，我能做的就是儘量低調，避免「犯上」的發言和動作；否則，眞會有成何體統的感慨。而這也是我擔任校長以來繼謝貴雄任命事件，所遭遇到的第二個困境，對一向親近的人突然跳出來攻擊我，真是感到十分痛心與不解。

在這過程中間所幸台大外科同仁、分割團隊的成員紛紛出面爲我說話，有團隊成員直說整個事件很莫名其妙，因爲謝貴雄事件對我有點不滿的李鎭源教授此時也公開表示，陳維昭論文很多根本不必靠連體嬰升教授。家人和幾位親近的好友這時候給了我最大的支持力量。香洋個性一向開朗豁達，她的樂觀感染了我。我的女兒也寫卡片給我加油打氣，讓我的心情逐漸從谷底往上躍升。

說實話，從忠仁、忠義兩兄弟出生後，洪文宗就一直很關心他們，確實是他把他們轉介到台大醫院的。然而，當初開會擬手術小組人選時，被邀請的與會人員中並沒有洪教授，似乎是有意排除他。當時甚至有人建議由我這個主治醫師來開第一刀，但是我自認三個小兒外科醫師中資歷最淺，因而建議由洪文宗開第一刀。這個手術的成功，是集體合作的結果，不可能只歸功於任何一個人，我也從來不敢歸功給自己。

手術成功後經過了這些年，洪文宗並沒有特別意見，對我也一直很好，外科裡面也都知道我是洪教授的主要夥伴。倒是當時手術之後陳秋江教授、外科主任洪啓仁分別到美國、菲律賓報告這個連體嬰成功分割的案例，讓洪文宗教授相當的不滿，一直向楊思標院長抗議。後來院方經過協調後宣布，國內報告或發言由我負責，論文發表由洪文宗主導。結果論文發表時，洪教授排第一作者，我排第二作者，陳秋江和洪啓仁都沒有列入，可見他應該還是肯定我的貢獻。

的確，就我個人而言，這次手術是我一生中很重要的轉捩點。由於被賦予重任，當主治大夫兼分割小組發言人，手術前要充分準備，寫下完整計畫及開刀步驟，並且每週和各小組開會，訓練協調、整合、溝通的能力，讓小組成員都能彼此接受、願意配合，這個難得的經驗對於我後來當醫學院院長、校長等行政工作助益很多。

同時，那段期間我每天早上一到病房，就要面對記者說明病情，讓我有機會訓練表達能力，建立良好的公共關係，這些同樣有助於我日後的生涯發展。

至於升任教授，則是因為我在靜脈營養方面的研究成果，有關連體嬰的學術論文是以洪文宗為首掛名發表的，我也不可能以此為升等的論文。

連體嬰分割的過程和整個來龍去脈，我在十七年前出版的《阿仁阿義與我——連體嬰分割的故事》裡面寫得很清楚。為了證明自己的清白，我請出版社重印這本書，分送給朋友及校內教授，讓書自己來說話。十七年前的往事歷歷在目，於是各種指控不攻自破。五月二十五日的臨時校務會議對我的連任評估，似乎並未受到影響，我獲得七成的信任票，連任校長，讓我可以繼續推動校務、再接再厲。

過了幾年之後，有一次我和洪文宗一起參加小兒外科許文明醫師的婚禮，席間我們同坐一桌，他似有所感的對我說，過去的事就讓他過去吧。的確，人生的風雨哪裡會一直停留不過去呢？前面還是有美好的風景等待我們去體驗，不必活在過去啊！

開辦杜鵑花節

爲了凝聚台大人的認同感，發揚台大人的精神，重建校園文化是我致力的目標。在這一方面我除了積極改革通識教育課程之外，也開始辦理「服務課程」，從傳統的清掃勞動，到社團的校外服務都有。藉此來培養學生負責、自律、勤勞、服務與互助的品格，經過共同教育委員會的審愼規劃後開始實施，是一項極富教育意義的課程。

我以爲所謂的「校風」，其實是透過長時間師生和同儕之間的直接互動、濡沫而生的，也是一所大學特有的活力和風格。因此台大在過去的基礎上，更進一步藉由更新導師制度、加強宿舍生活輔導、推動兩性平等觀念等作法，來鼓勵師生教學相長，創造優質的校園文化。

另外，台大校園向來有杜鵑花城的美譽，每年春天校園內的杜鵑花開得多姿多采、美不勝收，於是，主任秘書林政弘向我提議辦一個介紹台大系所的學系博覽會，名爲「杜鵑花節」。我有鑑於社會多元化之後，校園生活依然單調乏味，學生與學校的活動確實需要加強，因此立即請林主秘著手規劃。其實，國外不少大學都有類似的系所介紹、展覽，使高中生能夠在選擇科系之前對學校有所了解、得到相關資訊，台大當然應該率先舉辦這樣的活動。

一九九六年的三月天，萬紫千紅的杜鵑花海把校園妝扮得好不熱鬧。由各系所精心策劃的「杜鵑花節」首度登場，兩天的活動吸引了上萬名來自各地的高中生、家長、老師和社區居民參與，除了廣印宣傳單，由各學系老師在現場提供系所說明之外，各系實驗室、系館、陳列室、圖書館也都對外開放。體育館兩側有約六十個社團的成果展，醉月湖畔還有音樂會，植物義診、動物義診、贈送迷你動物、杜鵑花苗等活動，讓大家看到台大自由、開放、多元、活潑的一面，也得到參與人士的熱烈回應和好評。

五月份我們繼續舉辦「台大藝術節」。爲了讓校內康樂性社團學期成果展和公演可以結合，並且讓社區和師生能藉此機會一起分享，今年的活動已經是第三屆了。後來，「杜鵑花節」、「醉月湖音樂會」和「台大藝術節」都成爲台大每年的例行活動，給台大注入特有的活力和人文環境，也成爲台北市重要的藝文活動之一。

政治力介入人事安排

我在台大第二任校長任內，還有許多特別的經歷。台灣在戒嚴時代，政治干預、關說人事的情況頗爲嚴重，早期聽說台大醫院內科科主任的位子，國民黨副秘書長出面就可搞定。還記得我還是台大醫學院副教授時，有一次醫學院院長、醫院院長、外科主任有所調動，人選原本都安排好了，參與安排人事的醫學院院長在人事命令發布前，放心的出國開會，未料到回國後面對的是全部翻盤，人事皆非。

原因是有人以黨政高層的關係運作施壓，使得醫學院院長、醫院院長、外科主任全部走馬換將。這件事給我一個很深的體會：大學人事的安排一定要自主，不能任由政治操弄。

一九九八年，台大醫院院長戴東原的任期即將屆滿，我和醫學院謝博生院長等人討論後，屬意由內科部主任李源德接任，但是李源德和李登輝總統的「御醫」——台大心臟內科教授連文彬不太合，總統府方面就透過秘書長黃昆輝，託我表哥、立法院長劉松藩找我討論，表達總統府反對李源德當院長的想法，府方的建議是由戴東原延任一年或由副院長朱樹勳接任。但是劉松藩仍表示尊重我的決定權，只不過希望我確定人選後，能打個電話給黃昆輝。

那時院長人選其實還沒有最後確定，不過我向劉松藩強調，總統府方面我會再去溝通，然而不管誰當院長，總統的醫療團隊，還是由連文彬負責。當時我也兼任新聞評議會委員，李總統的女婿賴國洲是秘書長，賴國洲在我擔任醫學院院長時就曾經爲了戴東原要接台大醫院院長、李源德接任內科主任的事，聽說總統府有意見，而找他溝通過；有一次新評會開會後，我當面告訴他，總統好像很關心台大醫院院長人選的事，不過台大有自己的考量，希望總統能夠尊重台大。賴國洲表示沒聽說李總統對這件人事案有意見，他應該會尊重台大的決定。

後來，在人選決定之後，我打電話告訴黃昆輝，台大醫院是由李源德接任院長。黃昆輝很客氣，沒說什麼，一再強調「這是你們的權利」。

與牛津大學(Peter North校長)簽約

環太平洋大學校長會議(首爾)

北大百年校慶台灣出席校長合影

北大、中大、台大三校研討會，李國忠(左一)陳佳洱(左二)

東亞研究型大學協會理監事會

訪捷克查理斯大學

二十一世紀高等教育暨世界著名大學校長會議

18

另一件事是我參加北京大學百年校慶，
臨時「脫隊」退席的故事，
之前我從未對外界披露過。
主辦單位安排包括我在內的
台灣校長坐在最後一排，
和港澳的大學校長坐在一起。
我立刻感覺不妥，
腦中閃過「這樣的安排
確實有點政治意味」的念頭，
我不希望台灣因此被矮化。
我在第一時間當機立斷，
決定不參加校慶大會，
當然也就不進去見江澤民……

第十八章　積極帶動全球化發展

參加北大校慶臨時退席

一九九八年的五月四日，我參加北京大學百年校慶卻臨時「脫隊」退席，過程驚心動魄，之前我從未對外界披露過。這一年，北大爲了盛大慶祝百年校慶，特別舉辦了世界大學校長論壇。因爲台大早在四年前就和北大簽訂合作備忘錄，因此，北大校長陳佳洱在一九九七年七月底，就來函邀請我參加北大校慶，並在論壇發表主題演講，北大負責全程的旅費。

由於這項活動不但有助於兩校的交流，也可藉機提高台大的知名度，我當然很快就答應赴會。北大同時還邀請清華、中央、中山、陽明、中原、東吳、元智等學校校長及中研院院長李遠哲等人參加。

一些反對團體紛紛對此表示抗議，深怕台灣遭到矮化。他們的活動引起了媒體的重視，「建國廣場」同時在台大和中研院門口示威，抗議我們出席北大校慶，有損台灣及台大的尊嚴。「台灣青年工作隊」也在台大校門口抗議，要求我寫切結書，絕對不能矮化台灣。我以爲這原本就只是個單純的學術活動，不必凡事都牽扯到政治，因此我沒有簽。

北大五月二日、三日先辦世界大學校長論壇，四日再於中國人民大會堂舉行校慶大會。我還記得，我和一行人剛下飛機，才抵達北京中國飯店的大門時，兩岸的記者就蜂擁而來，在飯店等候多時，許多記者爭先堵住我，問我對兩岸學術交流的相關看法，可見媒體很重視這個議題。

五月二日校長論壇開幕，我被安排第一場專題演講，談「廿一世紀大學的角色與使命」。被安排在第一場演講的講者還有牛津、史丹佛、維也納、柏克萊等世界頂尖名校校長，以及北大校長陳佳洱本人，與他們同席，可見大陸對我十分禮遇。在場聽講的有副總理李嵐清、教育部長陳致立。演講當中我五次提到「國立」台灣大學，可能因為全程是用英文講的，大陸方面顯得相當有風度，並沒有表示異議。

論壇結束之後，五月四日當天一早，主辦單位安排與會者前往人民大會堂參加校慶大會，同時安排國家主席江澤民接見。大巴士到中國飯店接各國大學校長及諾貝爾獎級的知名學者，我上了車之後，坐在田長霖夫人的旁邊，巴士開動之後不久，工作人員開始發放大會座位表，我仔細一看，發現包括我在內的台灣校長都被安排坐在最後一排，和港澳的大學校長坐在一起。

我立刻感覺不妥，腦中閃過「這樣的安排確實有點政治意味」的念頭，我怎能讓台灣因此被矮化？我腦中反覆想著應該如何對策。巴士穩穩地往前行駛，兩旁的景致不斷倒退，車子在接近大會堂時停了下來，讓大家魚貫下車，準備排隊先到「湖南廳」去見江澤民，然後就直接到大會堂參加慶祝大會。我深吸一口氣，知道不能再拖延了，馬上決定不參加校慶大會，當然也就不進去見江澤民。我告訴田夫人我要離開，她也點頭表示贊成。

下車後，只有我一個人脫隊往回走，感覺上是相當突兀的。廣大的天安門廣場上警衛森嚴，到處有軍警站崗，我走在其中，壓力不小。回想起來，整個畫面好像有一點偵探電影的味道。還好因為掛有識別證，倒是沒被軍警叫住攔檢問話。我也擔心，萬一被攔檢，會發生什麼事？我該如何回答？剛開始在管制區內，我還有點緊張，不禁越走越快，一直到通過管制區之後，我一顆噗通噗通跳的心才安靜下來，這下逐漸放慢腳步。我本想坐計程車回中國飯店，因為交通管制，好久都叫不到車，就乾脆慢慢走回飯店，沿路欣賞北京的市容和風景。

其他與會的國內大學校長，還是由主辦單位安排見了江澤民，然後參加北大校慶大會。江澤民當天在大會上宣示，為了加速中國的現代化，需要建立幾所世界先進水平的一流大學，來培養高素質的創造性人才，這就是後來大陸「九八五重點大學」的起頭。

我缺席北大校慶的事，並沒有告訴媒體，返台之後，當初抗議我到大陸的團體也都很安靜、沒有後續動作。中國時報記者江才健坐在同部巴士上，發現我沒有參加北大校慶大會，因此在五月五日的中國時報上簡單報導，認為我可能覺得大陸方面安排太匆促而缺席北大校慶。

北大這次辦大學校長論壇，其實已經非常謹慎，爲了避免矮化台灣，校長手冊英文版都是按英文字母來做排序。但是校慶大會座位的安排，就不是北大校方能夠主導的，而是由官方安排，連大會主持人都不是北大校長，而是學校黨書記，才會把台大視爲「國內」大學，和港澳的大學校長安排一起坐在最後。

北大校長陳佳洱得知我缺席大會的事，五月六日馬上發函向我道歉，他強調，北大很重視和台大已建立的良好關係，工作人員因爲比較晚才拿到這份座位表，沒注意座次安排的問題，也沒人向他報告，以致未注意到而有此疏失。不過，這並無損於台大和北大的交流，陳佳洱後來曾多次應邀訪問台大，包括同年十一月的台大創校七十週年校慶。

國際學術交流

事實上，爲了因應全球化發展的需要，自我接任校長後，便開始積極與世界著名學府建立合作計畫，在我接任校長之前與台大有學術合作協議的大學有三十八所，以美國爲主，到一九九九年已突破百所，卸任前達一七〇所，遍布歐、亞、美、非及大洋洲。一九九八年這一年的校慶也是台大創校七十週年的日子，台大在台北召開「二十一世紀高等教育發展國際學術研討會暨世界著名大學校長會議」，我們邀請了歐、亞、澳、美加等地區，與台大建校合作的大學校長和代表前來參加。包括英國愛丁堡、劍橋、牛津、加拿大多倫多、日本東京大學等名校，一共來了二十七位，成果非常豐碩。因爲中共的牽制打壓，我國在外交上有行不通的地方，但是透過學術交流，往往可以超越這些限制，讓我們自由地與世界各地的一流學府交往。

我對與英國牛津大學(University of Oxford)簽約姊妹校的過程記憶猶新。牛津向來極少與外校簽約，但是由於台大中文系、歷史系與對方的中國文化研究院(Institute for Chinese Study)有交流，雙方發展了更進一步的關係；因此一九九四年校長彼德諾斯(Peter North)先到台大來訪問，親自邀請我們拜訪牛津進行簽約。於是，我和同仁在一九九五年二月寒冷的冬天來到倫敦，英國典型的濕冷氣候讓我們領受了另一番滋味。牛津的簽約儀式雖不像我們習慣的陣仗，沒有許多觀眾列席，但是也十分簡單隆重。他們的人員都穿上正式的長袍，我方則有駐英代表簡又新和文化組組長劉定一參加。

自英國返台之後，捷克的查理斯大學（Charles University）校長、副校長也來台大訪問。因爲我國與歐洲的外交管道不夠暢通，當時行政院長連戰計畫去英國訪問，到劍橋大學接受一項榮譽的學院院士，卻因爲找不到合適的邀請單位而使出訪受到影響。後來教育部長郭爲藩和行政院第五組組長朱婉清請我們聯繫，透過查理斯大學的邀請和協調而得以順利成行，訪問了英國、捷克等國。

之後，我們陸續與亞太地區的香港中文大學、香港大學、韓國首爾大學、日本明治大學、早稻田大學等簽約姊妹校。原本日本國立大學因中共關係，日本政府對與我們簽約有所限制，經我多次反應而終於開放，台大也因此先後與東京、京都、大阪、九州、北海道、東北等國立大學簽約。

二〇〇一年四月法國的外交部邀請我去法國訪問了幾所大學，他們的行事風格又是另外一種，法國人的晚餐可以從六點半一直持續到晚上十一點之後，而且接連幾天都是如此。對於習慣亞洲生活的我們，實在是一項考驗。

去瑞典的倫德大學（Lund University）參訪也是一次美好經驗。倫德大學是一所歷史悠久、景緻優美的學府，由法律系出身的女校長接待我們。當時有教育部次長臨時希望與我們同去拜訪，基於禮貌，我們事先徵詢對方，有政府官員想要同行。誰知道她不改學者本色，竟然表示她要接待的是我而不是政治人物，率真的個性表露無遺。

簽約姊妹校之後，我們發展出交換學生和雙學位，二者對學生的實質幫助極大。學生交換，讓台大學生以付台灣學費而能到姊妹校讀書，擁有寶貴的留學經驗。後來我們擴大發展成「雙學位」，即在台灣和姊妹校兩邊都找到指導教授，共同指導學生，學生在國內註冊修習一定期間和課程後，再到對方大學修習一段期間，通過後可以獲得台大和國外姊妹校的學位。

雙學位是國際化的絕佳契機，因為兩邊指導教授也藉此交流，有助於研究水準的提升。不過，最初台大與法國格諾勃勒（Grenoble）大學簽訂雙學位時，教育部以學生在國外就學時間不符標準為由，不予承認國外學位。等我們做了一陣子之後，教育部才全面開放。這種雙學位最早是由法國倡議，如今已成爲國際學術交流的重要項目。

除了校際間的交流合作，台大也積極參與多個區域性和世界性大學組織，其中不乏擔任發起或會務要角，主要有東亞研究型大學協會、環太平洋地區大學協會、亞太大學交流會議、世界大學聯盟、台加高等教育會議以及台澳高等教育會議等。在二〇〇一年東亞研究型大學協會年會，我獲選爲下一屆會長時有段小插曲。

當時會長是東京大學校長佐佐木毅，我是副會長，佐佐木校長是日本有名的政治學者，對很多事情都會做些政治考量，他擔心中國方面會有意見，因爲協會中中國有五所大學，台灣只有台大與清華，何況中國在當時也還沒有人當過會長，因此在與我討論後事先做了安排，請韓國浦項大學校長提名，再由日本的大學校長附議，後來在場第一個附議的是新竹清華大學的劉炯朗校長，在沒有任何反對意見之下順利通過，不過大陸方面早就受到中國教育部的指示，要台灣提出一個將來擔任會長時不會牽涉政治的保證，我與佐佐木校長討論後提出一個簡短的聲明，表示協會成立的宗旨是學術交流，本來就不牽涉政治，現在不會，將來也不會，大陸方面也就接受了，這些都是官樣文章，大學與大學之間、校長與校長之間的交流其實都相當順暢愉快。

另外亞太大學交流會議與政府關係比較密切，是以國家或地區的代表出席，二〇〇三年在澳洲坎培拉的年會，教育部希望台灣能爭取理事長，台大因此做了些準備，並獲得日本的支持。不過會前就聽說馬來西亞也在爭取，當時澳洲大學協會的執行長比較傾向中國，曾有幾次不利台灣的發言。澳洲在亞太大學交流會議年會的前二天先召開澳、馬兩國之間的大學校長會議，來了幾十位馬來西亞大學校長，聲勢浩大，並事先運作香港、泰國、紐西蘭等地代表的支持。理事會的前一天下午，我召集台灣幾位出席人員共同商議，大家都表示悲觀，因此我當場決定改變策略，並和擔任台大國際學術交流中心主任、兼亞太大學交流會議國家秘書處秘書長的周家蓓教授討論第二天的發言要旨。

第二天早上理事會開會前，會場呈現一股緊張的對峙氣氛，劍拔弩張，似乎即將爆發一場激烈的爭辯，大家心中似乎都在盤算如何表態，如何因應即將面臨的尷尬場面。不過當澳洲提名馬來西亞爲下任理事長並做些支持的發言後，代表台灣發言的周家蓓教授表示台灣支持馬來西亞擔任理事長，並讚賞馬來西亞在亞太大學交流會議中的貢獻，同時表示台灣本也有意爭取理事長，不過既然馬來西亞願意出來服務，台灣也會全力支持馬來西亞，將來需要台灣盡義務的時候，台灣永遠不會推卸。聽到台灣發言，各國代表們起初感到錯愕，而後好像鬆了一口氣，會後紛紛前來致意並表示台灣的風度和作法眞是太令人佩服了。次年在馬來西亞沙巴舉行的年會，我成爲大家關注的焦點，也受到馬來西亞方面相當的禮遇，年會中無異議通過我爲二〇〇五年亞太大學交流會議理事長。由此可見國際學術交流與外交工作一樣，必須衡情度勢，靈活因應。

八一七醫院爭奪戰

另一項號稱史上最艱鉅、最波折的「不可能的任務」，是我和台大師生團結一致一起完成的。一九九九年，爲了對抗國防部，我和師生們不惜靜坐，來捍衛台大校地，不讓國防部將八一七國軍醫院的房地收走。

這件事的始末要追溯到台灣光復後，位於基隆路三段一五五巷的原八一七醫院用地，就被台北市政府規劃爲台大用地，但是早年因爲台大學生人數不過一千多人，因此便把地借給國軍醫院使用，然而行政院早在一九五四年、一九七八年都曾經裁示，這塊地不能變更都市計畫，將來必須歸還台大。

到了一九九九年，國防部因爲啓用內湖國醫中心，而且配合國軍精簡整體規劃，決定於六月三十日裁併八一七醫院。但是卻沒有經過台大的同意，就私自準備將之移交給台北榮民總醫院使用，引發了台大師生的「同仇敵愾」。

事情從五月份開始，當時由幾名立委舉辦了八一七醫院未來何去何從的公聽會，特別指出八一七醫院裁併之後，台北市南區榮民的就醫問題會受影響。為了照顧榮民，他們提出來，希望即使軍方退出，醫院仍然能繼續營運，因此或許可以由榮總來接辦。

這事的背後其實是有軍系立委向行政院院長蕭萬長施壓，暗示如果軍方退出八一七，就要讓榮總來接辦。這時有八一七內部的人打電話告訴我，說是榮總早已決定七月一日接管八一七，就連當天看診的排班表都排好了。我發現事態嚴重，必須立即採取行動；如果不積極爭取，這塊地就會被榮總占用，台大校區缺了一塊，等於失去完整性了，我絕不能眼睜睜地看著此事發生，因此當即下定決心，一定要堅持到底。

從五月初開始，我幾乎每天都和教務長李嗣涔、總務長趙永茂、學務長何寄澎、主秘林政弘等主管討論如何做危機處理。李嗣涔曾經在孫震當國防部長時，被借調當部長的參事，在國防部也有一些人脈，多次受命出面與國防部協調。根據當時的情資顯示，國防部對八一七醫院交給榮總是勢在必行；上面交派的事，連醫院也無法作主。

然而，八一七醫院要交由榮總使用，得先向台北市衛生局變更經營人，才能繼續使用，我於是兵分三路，先請台大醫院院長李源德去見衛生局長，也是台大的校友葉金川，我們強調國防部違反原先的約定，衛生局絕不能核定變更經營人，否則事情會難以收拾。

其次，我同時寫信給行政院長蕭萬長，要求八一七土地應該還給台大。並和台大醫院李源德院長、趙永茂總務長親赴行政院拜訪副院長劉兆玄，他只說會了解情況合理處理。當時院長辦公室的主任胡富雄是台大EMBA的學生，我請他幫忙在蕭萬長的面前爲台大爭取權益，但是據他透露，李慶安、潘維剛等偏軍方的立委給行政院很大的壓力。

第三步，我爲了求取平衡，也請台大畢業的陳其邁、黃明和、沈富雄、李應元、洪奇昌等立委幫忙，爲台大講話，表達台大絕不妥協，必要收回八一七的決心，希望行政院尊重過去要撥還八一七給台大的承諾。

另一方面，有哲學系曾漢塘老師在報上發表文章批判國防部，學生會也動員台大學生到國防部示威抗議，表達捍衛校地的決心。校友會亦通過決議，由辜振甫理事長出面協調並發表聲明。

六月二十五日下午約七時左右，我接到立委潘維剛「勸退」的電話，她聲稱行政院已經定案了，八一七要給榮總用，希望我打消念頭；而且當校長這時候不應該鼓動學生做抗爭。

我說：「學生是自動的表達意見。而且我很確定行政院不可能定案，因爲台大握有當年陳誠當院長時，指示八一七將來要還給台大的公文。」

我很高興台大同仁完好地保存了一九五三年的紀錄，雖然公文已經泛黃，卻清楚顯示同意台大將校地供軍方使用，但是如果將來不用，必須還給台大，這是我們的法源依據。我於是把公文傳眞給潘維剛，她就不再講話了。

當兩方的立委都對行政院施壓之際，榮總接管八一七的動作仍然沒有停止，果眞連七月一日的看診表都排好了。榮總還對外放話，台大只擁有八一七醫院產權的百分之一點二。校方於是在六月廿九日上午和教師會、學生會共同舉行記者會，指出國防部及退輔會打算違約，自七月一日起私相授受把醫院撥交榮總接管，台大師生難以接受。

我向來被外界視爲屬於比較溫和的人，記者會當天我卻高分貝的批評政府率先不守法，如何要求百姓守法？我認爲在這件事上絕對不能妥協，台大師生一定對軍方和退輔會抗爭到底。台大學生會也立即決定，隔天六月卅日上午，要先到國防部、退輔會、台北榮總遞交聯合抗議書，晚上六時會在台大校園內舉行「捍衛台大校地守夜活動」，抗議榮總違法侵占校地。

六月卅日下午，行政院、教育部等單位不敢直接跟我溝通卻頻頻打電話給台大主秘林政弘、教務長李嗣涔、總務長趙永茂等人，強調台大校長如果當晚到現場鼓動學生，可能造成很大的後果，校長要自行負責，勸我不要參加。教務長李嗣涔知道以後，認爲由他出面就好了，我不用去。但是已經到了這個時候了，我豈能退縮？就算有不良後果，我也必須承擔。因此，我堅持要到現場，和學生們在一起，但不會上台講話。因爲我認爲，身爲一個大學校長，應該在學校遇到重大危機的時候，適時出面給師生打氣，和大家站在一起。

六月卅日晚上六點半，由台大學生會發動的維護校地守夜活動，在八一七門口搭舞台展開，學生的頭上綁著「捍衛校地」的黃布條，不時高喊抗議的口號。現場布滿了標語和旗幟，現場總共來了四、五百人。聲援的教授及立委們也輪番上台做慷慨激昂的演講，各學院院長、台大醫院院長、副院長等主管及許多教職員同仁都先後到場支援學生的行動。

台大醫院當天也對外強調，已經做好接管八一七的發展藍圖規劃，包括社區醫學中心及癌症研究中心等。當時台大每月接收治療的榮民達到六千人次，有足夠信心可承擔台北市南區的榮民、軍眷醫療責任，而且可以比照榮總所提供的優惠待遇。在社區醫療方面，將指派教授級及資深主治醫師支援門診。這裡就是後來的台大醫院公館院區。

當天晚上我七點多到達現場，全場立即士氣大振，我也被現場全體師生一致的決心和表現感動。初夏的悶熱讓大家汗如雨下，空氣中混雜著各種體味，但是大家都能堅持到底。爲了校地、爲了台大的未來，這一刻我們是榮辱與共、眞正的命運共同體啊！

我向抗議的師生打過招呼，就坐在地上，和其他師生一起靜坐表達台大收回校地的決心。當時有電視要採訪我，但我謹守承諾始終不發一言，隔天報紙登了我在八一七門口靜坐的歷史畫面，相信必定令社會大眾印象深刻。

經過台大據理力爭及立委居中協調，行政院的態度終於軟化，指示榮總暫緩接管台大，由副秘書長劉玉山邀請相關人員召開協調會，最後決定八一七歸還台大，但開出了三個條件，要求原本八一七提供的醫療不中斷、服務不打折、給榮民的優惠照舊。

這樣的結果眞令我振奮！因爲台大全體師生的決心和合作無間，證明只要我們據理力爭，堅持到底，看似已經定案的事，也可以扭轉改變，因爲公道自在人心。

第三任校長續任的校務會議

19

兩千年總統大選選戰前，
民調看好的宋楚瑜先生希望我
當他的副手，我說：
「我在台大校長任內，
絕不參與政治，也不適合參加選舉。」
我感謝有連任第三任台大校長
的機會和時間，
可以持續全面推動我對校務的
七大規劃目標……

第十九章　台大校園再造

獲邀參選副總統

台大在驚濤駭浪中阻止國防部將八一七醫院交給榮總，保有我們校地的完整性。在此同時，國內的兩千年總統大選選戰也已開打，同時有三組人馬在做激烈競爭，國內的政局顯得瞬息萬變。一九九九年九月，民調看好的宋楚瑜先生希望我當他的副手，他透過我表哥，前立法院院長劉松藩來探詢我的意願，但表哥知道我的爲人，事先告訴宋楚瑜不太可能。

宋先生又透過彰化立委陳朝容，再度徵詢我。陳朝容本來約我在九月二十一日當天見面，沒想到發生了震驚中外的九二一大地震，約會臨時取消，改約在別天。見面的時候陳朝容說，宋先生很希望從大學校長中物色副手人選，他最希望我能出來，但是我依然婉謝了。我說：

「我在台大校長任內，絕不參與政治，也不適合參加選舉。」

宋先生後來的副手是長庚大學的張昭雄校長，我從未對外人提起宋陣營找過我的事，沒想到宋陣營發布張昭雄當副手的消息後，台大神經外科教授高明見對外表示，宋楚瑜曾先徵詢我當副手，這件事才曝了光。

九月二十二日，震災發生的第二天，我和台大同仁一起南下地震災區了解情況。從埔里經南投到竹山，沿路所見都是斷垣殘壁，山崩橋裂，讓人怵目驚心。但是在人間最悲慘的時刻，也是展現人心最溫暖的時刻。台大醫院在災變當日就已組隊投入救災工作，除了軍方和醫療隊之外，還有來自全國的義工擔任後援，台大教職員捐出三日以上所得，各地自發性出錢、出力、出物資的救助也蜂擁而至。

我印象最深的是一位來自桃園的三十多歲青年，他開來一輛載滿白米、蔬菜、炊具的小貨車，就地炊煮起來。食物預備好之後，他完全開放讓救災人員自由取用。我也和大夥兒一起在大樹下吃著他供應的伙食，天地雖然變色，許多人流離失所，但是能擁有這樣的一餐飯菜，實在是感動與滿足的。人間有什麼比用愛心當佐料的食物更美味呢？只要大家有人溺己溺的心思，眾人攜手合作，很快就能重整家園！

而後台大應校舍損毀的暨南大學之託，借用台大校舍夜間及週末時段上課。雖然對台大造成一些不便，輿論也為暨大北上復學而爭論不休。但是，我請台大全體師生共體時艱，要珍惜助人的機會，多設身處地為人著想，自己無形中會獲得的更多。

此時，總統大選的序幕仍在進行著。國民黨連戰的陣營，有天透過台大婦產科周松男教授找我，他說是受立法院院長王金平的邀約，希望我能以醫界大老，而非校長的身分，出席醫界預定召開的記者會站台挺連，幫連戰說點好話。但我明白告訴他不可能。

「因為我無論走到哪裡，都代表的是台大校長。」

我認為身為台大校長不應該公開站台挺哪個黨的候選人。

這時候，民進黨也來與我接洽。在選前有一天交大教授前文建會主委陳其南來校長室找我，表示受中研院院長李遠哲之託而來。他告訴我，因為李遠哲正在幫陳水扁組國政顧問團，學界包括有陽明大學的曾志朗、交通大學的張俊彥、台北藝大的邱坤良、中正大學的鄭國順等校長都已加入，希望我也能參加，但是我婉拒了。其實，我並不認同大學校長們的這種做法。

二〇〇〇年五月，台大校務會議通過我第三任校長的續任案，會中代表們也肯定我在這次大選中的堅持與態度。這一年，台灣的民主政治也開始進入一個嶄新的時代，民進黨的總統參選人陳水扁獲選為總統，這是國家五十年來第一次政黨輪替，也是所有選民對「民主政治」不斷學習、反省、砥礪、堅持之下的成果，全國上下都充滿了對改革與創新的期待。

改造校園景觀

我自己很感謝有連任第三任台大校長的機會和時間，可以持續全面推動我對校務的七大規劃目標。這其中，校園景觀的變化應該是最爲明顯的。早在一九九四年我剛上任時，就開始成立校園規劃小組，確立重大規劃案應該先舉辦說明會。也另設「校園景觀綠化小組」，加強校園綠地的美化。

從校門口、椰林大道、舟山路的改造及動線規劃，到復原瑠公圳、增建大型停車場，減少校園停車位，我始終強調「以人爲本」、「行人優先」的核心價值，目標是使台大校園煥然一新，建立優質的校園環境。

椰林大道一直是台大的主要精神象徵，數十年來景觀經過了多次變動。一九九六年，我們開始規劃改善停車與通行的問題，分爲校門口、傅鐘廣場、圖書館廣場及椰林大道沿線等四大部分，主要工程包括了沿線設置人行廣場、減少停車格、改爲單邊斜角停車，隱藏在灌木叢間等，將校園重新還給行人。

台大校園再造的另一重點，就是委託台大城鄉所教授夏鑄九規劃，拆掉校門口的圍牆，恢復一九七〇年代的景觀，改成能夠舉辦活動的開放空間。因爲當年在戒嚴時期，台北缺乏集會的空間，台大校門口是唯一容許民眾抒發意見、又不會被抓的地方，加上傅園的自由主義象徵，因此從一九七〇年代起，每逢選舉的「民主假期」，就有在野人士聚集校門口前舉辦民主活動。校方基於安全因素，爲避免群眾聚集，先在校門口前的廣場種植草皮、種花，再築起圍牆，使原本開放的校門口前空地變成了封閉空間。

我上任之後，台灣政治已然大步走向民主開放，台大校門口當然也要「解嚴」。於是校方拆除了校門口的欄杆，把圍牆改成矮牆，並與台北市政府重新規劃交通動線，在校門口增設供台大師生穿越馬路的紅綠燈，把校門口廣場和人行道連在一起，再結合傅園及列爲古蹟的校門警衛亭，成爲完整的都市街角廣場，師生和民眾多了一個辦活動及聚會的空間。然而，我們婉拒所有政治活動在此舉行，以維持台大一貫中立的立場。

隨著台大師生人數增加及生活水準的提高，開車上班、上課的人也逐年倍增，如何解決停車問題，是我上任後面臨的一個重大課題。還記得曾有校友回台大找我，他笑稱整個台大校園就像是一個大型停車場，椰林大道、行政大樓前面的廣場都停滿了車，反觀國外的名校，是不會允許車輛停在校園中心的。台大之所以會造成這種現象，源於早年同仁停車不論區位，月費一律只收三百元，爲求方便，大家多半停在椰林大道沿線。於是我透過減少校園中心地面停車位、提高停車費，配合增建周邊及地下停車場，來解決停車問題。

在周邊停車場規劃告一段落後，研議提高校園中心停車費來抑制停車量，總務處起初規劃把月費調高到一千多元，引起教授反彈，後來校務會議，成立專案小組來研擬方案，最後提出校園中心月費六百、周邊四百，及中心七百、周邊三百元等兩案交由校務會議討論。

根據總務處初步估算，採第一案學校的停車費收入較多，第二案兩種收費價差較多，學校收入會減少，但可以吸引更多教授把車停在校園外圍。我後來裁決採第二案，果然不出所料，實施之後，把車停在周邊的人變多了，這個策略總算達成目標！

爲了解決停車位不足的問題，校方還規劃將停車場外圍化、地下化，包括增建水源校區、第二活動中心的地面及地下停車場。新生南路的地下停車場，更是大工程，自籌四億多元興建，可容納三百多部汽車、一千五百輛機車，除了解決校內停車問題同時美化校園、增加校務基金收入，又能紓解附近社區停車需求，達到校方、社區、民間三贏的情況，眞是一舉數得。

新生南路的地下停車場，早先交通部爲鼓勵市區中蓋地下停車場，曾經承諾出資四億元協助興建。後來政黨輪替，政府不想出錢，我找來陳振川總務長討論，他認爲要整頓椰林大道及停車問題，即使貸款也要蓋，我於是請他規劃。後來，由潤泰尹衍樑負責興建，工程品質做得很好，施工期間還成爲土木系學生實習的題材，是很難得的經驗。地下停車場完工後，地面加蓋兩層樓的「新月台」，除了做爲台大訪客中心之外，還設有台大農場的農產品展示中心及咖啡廳等。

舟山路廢道工程

在我任內還有一件值得記錄的大事是舟山路的「廢道工程」。多年以來，台大被做爲市區穿越性道路的舟山路分割爲二，使兩旁校地始終無法完整規劃，影響校園發展，因此全校師生一直希望能廢掉舟山路，將其改爲校內道路。早期舟山路以南到基隆路一帶都是田地，後來陸續增建食品科學所、大氣系、地質系及管理學院，像是化外之地，舟山路有少數班次公車經過，周邊還有一些攤販，整體景觀顯得凌亂，學生穿越馬路也有危險。

舟山路全段屬於都市計畫「學校（台大）用地」，校方早在一九八五年就和台北市政府達成廢道的共識，由校方先購買舟山路兩側預定地，等基隆路高架道完成後再廢止舟山路。一九八九年，台大正式向市府提出廢路的申請，直到一九九七年才完成所有私有地的徵收作業，同年第四度向市府申辦廢道，經長期協調，兩年後獲同意有條件廢道，隔年核定廢巷，舟山路終於回歸台大。

在收回舟山路之前，校方即已委託城鄉所教授陳亮全進行舟山路環境改善規劃，以「綠色的生活廊道」爲發展主題，進行圍牆拆除、綠化環境等作業；同時先禁止機車通行，希望最後連汽車也禁行，讓這裡變成一條生活步道。

不過，在禁行機車初期，有學生出來抗爭，理由是爲什麼機車不能走，汽車就可以？認爲校方藐視機車族的權益，有差別待遇。其實我們主要的考量是因爲學生的機車實在太多了，有安全上的疑慮。

沒想到學生鬧到最後，甚至在我主持一場學術研討會時，抗議的學生跑到現場向教育部長曾志朗下跪。當時出席人士包括台積電董事長張忠謀等人，我認爲這個舉動實在有失大體，是爲抗議而抗議，不值得鼓勵。後來，有幾名學生還到校長室去踢門，說我獨裁，是「陳氏王朝」云云，最後一併交由學生獎懲委員會處理。舟山路收回期間曾多次遭遇市議員帶領群眾出面抗爭的情況，經過多少人費心費力才得一一化解，如今又要面對另一類的抗爭，眞是令我感慨萬千。

其實，當時更多步行的學生同意禁行機車。一九九六年十二月二十四日爲宣示對舟山路的「路權」，學生會長羅吉芳曾申請封路在晚上辦舞會，引起社會廣泛的注意。舟山路的廢道成功，也是台大師生經歷多年共同努力的成果，羅吉芳功不可沒。

舟山路再造工程分爲幾個階段，首先完成鹿鳴堂廣場，增闢學生休憩空間，接著配合台大農場的公園化，在生命科學院大樓的路邊建造一個生物多樣性的生態池，養了一群水鴨，成爲假日民眾扶老攜幼前往的休閒場所。

之後台大陸續收回原子能委員會、國立編譯館等出借地，伴隨著華南銀行、崗哨咖啡吧等生活機能的加強，再結合小小福、農場品展售中心、鹿鳴堂一樓的餐飲店、管院大草坪、多功能生活廳、尊賢館、二活美食街等鄰近館舍，舟山路全線成為生活機能完整、環境品質優雅的人性空間。每到假日吸引社區及外地的遊客前往休閒，農場品展售中心販賣的台大牛奶，更傳出口碑，經常一早就被搶購一空，兼具休憩、教育、消費、觀光功能的舟山路改造工程，很多人誇讚是大學的典範。

我每次漫步在這一帶，看見台大藉由大家的群策群力，一點一滴變成現在的風貌，真可謂美輪美奐、典雅幽靜，心中眞是充滿了感動與驕傲。台大能成為一個如此完整的校園，我要說眞是全體師生們共同努力與付出的結果。

此外，透過農工系甘俊二教授與瑠公圳基金會的協調、溝通，校園規劃小組還推動台大瑠公圳復原計畫。瑠公圳自清乾隆年間建圳以來，已有兩百多年歷史，全長二十多公里，是早年台北盆地的灌溉渠道。台大校總區的瑠公圳，屬於大安支線的一部分，經過校園內的農場、舟山路、小椰林道及醉月湖，雖然只是大約一點五米寬的小水道，但永遠成為台大師生的美好回憶。

台大在台北市區，雖然校內生物多樣性高，可惜景觀仍然較為平面、單調，如果瑠公圳能重見天日，甚至有一天可以讓人在水面泛舟、天光雲影，像英國劍橋大學那樣以「康橋」聞名於世，讓學生有傲人的親水空間並從事划船運動，不知會是多麼詩情畫意。

學生會長羅吉芳（右一）

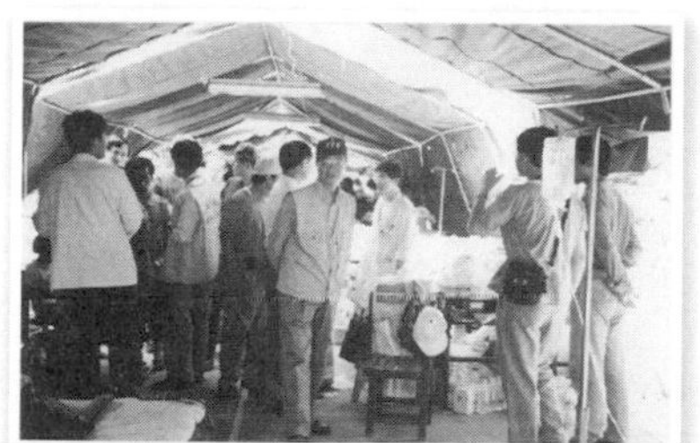
921震災訪視台大醫療服務隊（埔里）

第三任校長續任的開票情形

與國際學生合影

醉月湖划船

開辦徵才博覽會

校慶餐會後與服務同學合影

20

眼看著因為我們的奔走和
校友的捐助，
使得台大整體校園因此有了嶄新的
面貌和氣象，
相信任何人都能感受到
台大蓄勢待發的能量。
當清晨的陽光灑下，
照在台大校園裡，
照在巍峨的建築上，
我知道台大往世界頂尖大學的
腳步會更加靠近。

第二十章　廣募建校基金

積極另闢財源

大學校長對於財務的分配、使用和籌劃，是一項大學問。我剛接台大校長時，教育部每年大約編列六十多億元經費，台大所有開支幾乎都從教育部公務預算而來。當時全校學生只有兩萬三千人，平均每個人分到的教育成本約有廿萬元，使用起來相對寬鬆。

但是一九九四年大學法修正後，政府對大學經費的分配逐年減少，教育部開始推動國立大學校務基金制；美其名是讓大學開源節流，使經費更能有效運用，該年度沒用完的錢，可以留到下年度使用，無須消化預算或繳回國庫。然而在推動校務基金之初，各大學便很擔心未蒙其利，先受其害。大家認為政府其實只是為了減少大學預算而找一些藉口，如果教育經費不增反減，錢都不夠用了，如何能夠增加運用的彈性？

當時政府就表明了不會再增加國立大學的經費，有一年甚至要刪減百分之五，讓大學不得不反彈。我為此發動大學校長發表聯合聲明，行政院卻還照刪不誤。為了避免經費不足，影響台大的發展，我決定要另闢財源，於是首開國立大學的先例，籌辦募款餐會、積極推動校友及企業的捐款，並透過餐廳委外經營、增建收費停車場等方式自籌經費，來補足政府少給的預算，帶動企業捐款給大學的風氣。

我在一九九三年上任，三年後開始舉辦募款餐會。起初大家都不看好，當時有錢人寧願捐錢給史丹佛大學等國外名校設立講座，卻不願將錢捐給國內大學培養人才。我認爲原因在於：一是國內的風氣未開，大家不習慣如此做，二是企業界認爲國立大學有政府補助經費，根本不缺錢，他們無法了解實情。

當時的募款餐會大都在校慶當晚舉辦，席開五十到一百桌，不分黨派、每人認捐一萬元，只要是校友都歡迎認捐。有許多台大教授也自掏腰包捐款，一場餐會辦下來，成本兩三百萬，收入近千萬。募款雖然不是那樣多，但是大費周章的目的在於向外界宣示，台大需要各界的捐款奧援。

一九九六年十二月廿八日，我們努力籌劃的第一場募款餐會在凱悅飯店舉辦，我們廣邀各界的校友參加。當天台大農經系畢業的總統李登輝未能出席餐會，但已事先告知捐款一百萬元；當時的副總統兼行政院長連戰及夫人連方瑀都是校友，也各捐一百萬元給母校台大。有他們的加持，使募款餐會增色不少。

募款餐會當天下午，台大先在校內舉辦一場「廿一世紀的台灣大學」座談會，由我和中研院院長李遠哲主持，邀請回國參加院士會議的校友院士參加，讓校友、學校師生一起討論，如何帶領台大邁向國際一流大學，很受到大眾的矚目也深受校內同仁的肯定。晚上的餐會坐在主桌的包括連戰夫婦、已故的校友會理事長辜振甫等人。餐會中特別安排演唱校歌及校旗、各學院院旗進場，當校旗、院旗進場時，校友們都主動起立歡呼鼓掌，表示對母校的支持和認同，氣氛熱烈溫馨感人。

辜振甫先生當年大學時代的老照片和成績單也在餐會中曝光，立刻將現場氣氛帶到最高潮。辜老不好意思地向全體校友表示「汗顏之至」，而後，他以台北市台大校友會理事長的身分宣布：

「全國性的台大校友會即將成立。」

他還幽默地告訴在場校友，以後所有校友的資料都會打進電腦。

「要找人很容易，甚至成績單也可能被登出來。」

立刻引起哄堂大笑。這一場餐會在眾人的笑聲和掌聲中圓滿結束。我對台大這些傑出校友對母校的支持，眞是感動又難忘。他們許多人早已是雄霸一方之士，在各自的領域中呼風喚雨，卻依然保有當年學生時代的熱情和赤子之心，何等可貴！

隔年募款餐會，來自巴西的化學系校友「方大金業」董事長張勝愷一口氣就捐了五千萬元，他指定要用來興建新的化學系系館。因爲當時原化學館已經十分老舊，建新館估計需要大約五億元，教育部原本說要給三分之二經費，後來只給了三分之一，其他的款項需要自己籌措。化學系於是很有計畫地發動系友捐款，張勝愷長期在巴西做生意，有次返國由化學系同仁陪同來找我，表示願捐款五千萬幫忙蓋化學新館，有這樣熱心的校友，眞是讓化學系信心大增，我們整個行政團隊也備受鼓舞。

張勝愷校友在募款餐會時特別上台致詞。他感性地說：

「在台大的求學過程給了我很好的回憶和許多經驗，大學自己籌措部分教育經費在國外已經成爲一種趨勢，我捐出五千萬元只是爲了拋磚引玉，希望吸引其他校友的捐款。」

這一席話立刻獲得全場如雷的掌聲。

除了募款餐會，我同時擴大台大學術發展基金會及校友會的系統，推動海內外校友捐款的風氣。我請北美醫學院校友會理事長郭耿南教授幫忙，將台大學術發展基金會在美國登記，正式成立分會，以方便美國校友捐款；並請我醫學院同學蘇乃鉦在行醫之餘，幫忙作會計收帳的工作。有他們的參與，校友捐款的管道更顯通暢。此外，我在費城北美台大醫學院校友會遇到藥學系友許照惠，他從事生物科技產業有很好的成就，便請他捐款，後來他果眞捐了兩千萬美金幫忙蓋藥學系教學及產學合作大樓。

有一次我專程到美國拜訪電機系的陳丕宏校友，他所創辦的Broad Vision軟體公司非常成功，他們夫婦請我吃飯，當時還有法律系林子儀教授夫婦在一起，知道我是爲募款而來，由於他夫人是台大外文系校友，因此承諾捐款興建人文館。我回來後請文學院設計新館，但過沒多久，就因網路泡沫化，公司營運大不如前，我也就不好意思再找他要錢，不過，陳丕宏校友在這之前曾回國，捐出兩百萬美金給資工系設獎學金及贊助台大醫院的電腦化工程。人文館後來改由電機系校友、華碩施崇棠出資。

企業家捐建校舍

爲了鼓勵各界捐款，我在台大校務會議提案訂定「台大捐助募款辦法」，明訂捐助一定款項，就可享有在台大免費停車等優惠待遇；捐款超過一億元，獨棟的建築可以由捐助者來命名，但是不能用商標命名。我認爲大學不能太過商業化，雖然國外有許多大學曾如此做，甚至連學院的名字都可以冠上了企業的名字。

例如：台積電透過化學系友李遠哲院長牽線，答應捐款幫忙蓋化學館，化學系與對方討論後原本答應取名台積電大樓，於是我親自拜訪張忠謀，告知校方的規定，他風度極佳，沒有堅持。後來取名「積學館」，取自台「積」及台大化「學」系的組合，也是寓意深長。

前面提過的「尊賢館」是我當台大校長募到的第一棟上億元的建築。由對方蓋好後再捐贈，並且委外經營，成爲日後捐贈建築的一個典範。我難忘吳尊賢老先生長期捐助台大從事醫學研究、學術研討、學生社團活動的熱心奉獻，台大學術發展基金會也是在他的贊助下設立的。他慷慨付出，又事事體貼、處處爲人著想的作法，令人敬佩。

他說：「台大是台灣最大的學府，培養的人才最多，對國家社會的貢獻最大，國家建設需要人才，所以爲國家培養人才出一點力，我認爲是應該的。」

在建築的規劃期間，吳老先生透過吳豐山數度來電探詢台大的進度，草圖完成後，還出面宴請台大相關同仁。他在小處的細心、爲他人著想，都是後輩人的表率。

他曾說：「從過去跟孫震校長接觸的經驗，知道學界的人都羞於開口向人要錢，因此我交代周遭的人，要主動聯繫，不要讓對方爲難。」

這棟建築完工後，命名「尊賢館」，以表示對吳先生的感謝與尊敬。繼吳尊賢之後，廣達電腦董事長林百里等一群台大校友，也先後捐贈母校好幾棟建築，帶動了國內企業家捐款興學的風氣，眞可以說是美事連連。

事情的開始是在一九九九年，台大電機系舉辦一連串的創業講座，第一場邀請廣達董事長林百里演講。當時廣達號稱「股王」，股票價格高達八百元；演講當天果然造成轟動，現場擠得水洩不通。第二場演講由杜俊元擔綱，透過明基電通、友達光電董事長李焜耀居間協調，演講前的中午，由我在學生活動中心宴請杜俊元、林百里、曹興誠、李焜耀及洪敏弘等電機系傑出校友。

席間杜俊元問我，台大需要什麼幫助，我於是把發展現狀及將來的需求簡單說明一下，表示台大規劃興建的人文大樓、電資學院大樓及竹北校區都需要經費，林百里當下同意捐贈興建電資學院大樓，曹興誠則表示竹北校區部分他可以負責，但是並不一定由他出錢。

後來林百里捐贈的電資學院大樓比照尊賢館模式，由他找專屬廠商來蓋，他也參與設計會議室等部分，造價約三億元，於二〇〇四年完工正式捐給台大，取名「博理館」，是「百里」兩字的廣東話諧音。

之後同樣是電機系畢業的華宇電腦董事長李森田，主動拜訪電機學院許博文院長，個人捐款約一億元興建資工系館二期工程，命名爲「德田樓」；李焜耀也在二〇〇四年代表明基、友達捐贈電機系研究大樓，命名爲「明達館」。

此外，台大從一九九一年開始推動，把位於徐州路的法律學院、社科院遷回校總區，起初只遷回國發所、社會系及新聞所，之後進一步的建設，都要自籌大筆經費。

辜振甫先生是台大前身台北帝國大學政治系畢業，在擔任校友會理事長期間，經常表示要對母校有所貢獻。爲了社科院要興建大樓，我們向辜老募款，他立即爽快答應。甚至於二〇〇四年臨終前夕，他都沒有忘記承諾，捐贈了興建社科大樓所需、市價一億多元的水泥，還交代家人要低調處理。台大依照其囑咐悄悄收下這份「厚禮」，沒有對外張揚。

東和鋼鐵董事長、經濟系校友侯貞雄後來也捐助八千萬元現金，及價值約一億多元的鋼材，社科院新大樓的自籌經費終於募齊。

至於法律學院大樓，也由國泰金控董事長蔡宏圖及富邦文教基金會董事長蔡萬才各捐兩億元興建兩棟大樓，分別取名「霖澤館」、「萬才館」，這背後還有一段募款的小故事。

因爲蔡宏圖是台大法律系畢業的校友，當時擔任法學基金會董事長，當年他讀法律系時，只有大一上國文、英文等共同科目，才會回校總區上課，他在二〇〇三年的捐贈典禮時表示，當年因爲是太太讀台大圖管系，他才有機會回校總區。

他笑說：「當然不是回來上課的。」

由於曾親身感受校區分隔兩地的不方便，台大提出要把法律學院遷回校總區，他一口就答應出資兩億元，事先還和法律系老師帶著保麗龍模型到校長室，和我商討建築樣式，他後來找上堂弟富邦金控董事長蔡明忠，希望堂弟也能出資，但要堂弟的父親蔡萬才同意。蔡萬才本來很有意見，認爲國立大學有政府給錢，爲何還要人捐款？

後來有一次過年，陳水扁總統在尊賢館請大學校長喝春酒，我當面向他建議爲了鼓勵私人捐款興學，是否可以對重要捐款人，如吳尊賢、林百里頒給勳章，來推動風潮。陳總統當場表示同意，不久就頒給林百里勳章。

在林百里受勳典禮時，我又向總統表示：

「如今台大法律學院大樓已經募到兩億元，還缺臨門一腳，就等富邦點頭捐款。」

法律系畢業的陳總統當下承諾：「我來幫忙處理。」

後來陳總統果眞出面在總統府宴請蔡萬才、蔡明忠及法律學院院長許宗力、李鴻禧教授以及我，另外還有馬永成，當下敲定捐款事宜。

一九九六年台大開辦校務基金之初，自籌經費比率只占兩成，等到二〇〇四年我卸任之前，已超過六成五了。建教合作仍占最大宗，其次是學雜費，捐助收入也增到占總收入近百分之二。雖然比率依然偏低，但在我任內已累計募到卅多億元，包括七棟校友及企業捐贈的建築，算是開了國內校園捐款的風氣。

眼看著因爲我們的奔走和校友的捐助，使得台大整體校園因此有了嶄新的面貌和氣象，相信任何人都能感受到台大蓄勢待發的能量。當清晨的陽光灑下，照在台大校園裡，照在巍峨的建築上，我知道台大往世界頂尖大學的腳步會更加靠近。

國泰、富邦捐贈

東鋼侯貞雄捐贈

陳水扁參加校慶餐會

贈林百里感謝狀

連戰夫婦參加募款餐會

展示博理館模型

竹北分部動土典禮

尊賢館啓用典禮

大學校長聯合記者會，1996.3.21導彈危機

921震災後溪頭遊樂區重新開幕

林百里參加畢業典禮並演講

視察體育館工程

總統科技諮詢委員與總統合影

21

二〇〇三年三月間，
沒有人料到台灣自九二一地震後，
會有另一場災變來到。
這是人人談之色變的
SARS疫情爆發，
一時之間，
全國民眾陷入一片恐慌焦慮之中，
幾乎人人自危……

第二十一章　討回台大校地

委外經營成績亮眼

在國家預算愈來愈少的情況下，開源、節流是不二法門。經營國立大學不但要進行募款，增加收入，更要有企業管理的理念。我考慮台大名下有許多專項事業，譬如：餐飲、旅館事業要視情況引進外面的專業人士來經營較好，即使自己管理，也必須講求績效，要不然很可能卯足了力氣，卻是事倍功半、成效不彰。

當初規劃尊賢館要以何種方式經營時，我深切思考，如果由學校自己負責，不知要花費多少人力？即有可能經營不佳，甚至賠錢成爲學校的負擔。由於校務基金的運作比較有彈性，幾經思量，我們決定將尊賢館委外經營，除了每月固定付租金給台大以外，還要回饋一定比率的獲利，並替台大師生打折優待，台大只有收入，沒有虧損，對學校財務必然有保障。

現在的尊賢館，除了當作外國學人的招待所之外，也直接對外營業，成爲台大師生及一般民眾經常前往的休憩、聚餐場所。一到假日都是高朋滿座，營運績效不錯。

另外，原本由台大實驗林管理處經營的溪頭森林遊樂區，在九二一地震之後，受到直接衝擊，遊客銳減，昔日盛況不在。為了改善這種現況，校方決定將漢光樓等住宿區也委託立德企業經營。如此一來，我們既能減低人事成本，老舊的建築、客房也可以藉機翻修一新，反而更能吸引遊客上門，如今每逢假日，溪頭的人潮已逐漸回籠。

公館地區新地標

前面提過的台大第二活動中心預定地，早期借給公館的攤商營業，從一九八〇年代起，台大就一直想收回。到我上任之後，幾經折衝，終於大費周章地完成拆遷，改建為第二活動中心。三樓以上設計成學生社團活動場所，一、二樓店面租給業者變成美食街；地下室的會議中心也一樣委外經營，尤其美食街一到假日，經常高朋滿座，已經變成公館地區的飲食專區了。

第二活動中心拆遷過程相當艱辛。當初曾經允諾給拆遷戶二十年的經營權，前提是他們必須組成一家公司來和台大洽談。不過，第二活動中心於八十七年啓用時，原拆遷戶散掉了，無法組成公司來經營一、二樓的生意，因此讓場地一直閒置著。我認為不能再繼續如此消耗下去，於是由學務長何寄澎領軍找拆遷戶談判，最後決定向銀行貸款一億七千萬元，付款收回原來同意給他們的二十年經營權，另外委託公司經營。當時有人質疑本來就是台大自己的場地為何要付錢？這是因為我們已有言在先，必須言而有信。然而，台大固然每年要付貸款和利息，但從租金等收入還可以應付，而且就整體校園環境的品質而言，仍是值得的。

相較於尊賢館、第二活動中心委外經營，占地四萬多平方公尺、台大的小巨蛋體育館，對外營業則由台大內部管理，為何有此不同呢？因為位於辛亥路、新生南路口的台大小巨蛋體育館，早年就已編列預算，但是遲遲未能動工。我上任後，總務長王仁宏建議儘早發包，以免將來預算有變，於是就在一九九五年發包動工，九十年完工，造價總計十二億元，成為公館的新地標。

小巨蛋體育館要採何種經營模式，起初有兩種方案，管理學院的教授建議委外經營，也曾經請外面的人來做簡報，但因為是大學體育館，必須要以教學為主，收費也不能太貴，更要避免舉辦太過吵鬧的演唱會，以免影響校園及附近社區的安寧。加上國內有類似經營經驗的公司並不多，最後決定學校自己來經營管理，由學體育管理的體育組老師組成了管理團隊經營，成效遠比預期的好，也為學校賺進不少租金。

這段期間內，台大又陸續收回了國防部公館營區、國際青年活動中心及僑光堂等十多塊地；也與國防部達成換地協議，將被國防部占用的土地交換國防醫學院現有土地及所有地上五十八棟建築物，改建成台大水源校區，在我任內總計台大討回了一百一十公頃的土地，增建台大醫院公館院區等多棟建築，並擴增水源、雲林、竹北校區及頭城海洋工作站，增加台大的影響力。

水源校區是接收原國防醫學院的校區，初期暫時分配給育成中心、醫工所、化學系等單位及學生宿舍使用。竹北校區位於中山高竹北交流道旁，規劃包含醫學中心、公共衛生學院、電資學院、工學院、管理學院等所屬單位。

雲林校區位於雲林虎尾鎮，以研究發展爲導向，分爲「醫院及醫學研究區」、「生物資源研究區」、「工業綜合研究區」等三區，分設附設醫院等八個研究中心和十個實驗室。原署立醫院改制爲台大醫院雲林分院，服務彰、雲、嘉地區兩百萬居民。頭城海洋工作站定位爲國內重要海洋與天災研究中心，斡旋多年，土地、建築規劃都已落實。

值得一提的是，爲了校地，台大又成爲眾矢之的。由於南投內湖國小在九二一災後校地受損，於是想遷至台大有水坑一七四號校地。然而我們經過安全評估，這塊校地位於山谷的出水口，一旦大雨來臨，安全堪慮，爲了國小師生的平安，台大不同意借用。沒想到因此引起軒然大波，陳水扁總統公開指責台大沒有愛心，台大教授也紛紛嚴詞反批，教育部次長范巽綠還槓上我，說要和我辯論。

這一則新聞沸沸揚揚延續了好幾天，爲此我請陳哲男副秘書長爲我安排面見陳總統，我認爲事情應該做整體考量，台大提出專業的評估後，如果政府依然堅持撥用，台大也沒有意見，但爲了林地的完整以及管理和安全考量，即便要用也希望是「借用」而不是「撥用」，總統同意我的看法表示會交待下去。然而，過幾天南投縣政府就「撥用」了另一塊或許相對安全的石公坪林地，顯然總統的意見並沒下達，等我反應時，行政院已經來不及挽回。

另外，台大雖然號稱是國內的第二大地主，占有全台約百分之一的土地，但是山地農場、實驗林的土地丈量及產權登錄作業一直不易執行，當地住民不斷要求放領，帶給歷任的台大校長不少困擾。不過，從孫震校長開始，台大校方便著手屬於台大土地的測量和產權登錄，到我第三任校長最後一年初，總共完成了三萬多公頃土地的登錄。我非常感謝同仁認眞努力地完成這一項執行不易、費時繁瑣的工作。

SARS期間發表聲明

二〇〇三年三月間，台大的杜鵑花一樣開得美麗燦爛，沒有人料到台灣自九二一地震後，會有另一場災變來到。這是人人談之色變的SARS疫情爆發，一時之間，全國民眾陷入一片恐慌焦慮之中，幾乎人人自危。社會、政治、經濟全面受到嚴重衝擊，股市下滑、房地產哀嚎，大家全都慌了手腳。救護車往返各醫院卻得不到妥善的安排，政府相關單位初期也是一團混亂，危機處理大有問題，造成慘重的傷亡。我們幾位大學校長看得憂心忡忡，前暨南大學校長李家同打電話給我，希望由我登高一呼，要求政府組成一個常態性的ＳＡＲＳ指揮中心，其他大學校長一起連署。

聲明初稿由李家同草擬，他建議比照美國的緊急狀況處理方式，由副總統當指揮中心召集人。這份初稿很快傳給了其他大學校長。我深入考量後就感覺不對，因爲這和台灣的體制不合，於是再跟幾位校長討論之後，就改成由行政院長、或副院長當總指揮或召集人。

不過，最初連署時，仍是維持由副總統當召集人的初稿。沒想到，立刻有一位大學校長把初稿內容傳去行政院，「通風報信」的作法反而製造困擾，令人遺憾及不齒。

當時呂秀蓮副總統兼總統科技諮詢委員會士任委員，我是副主任委員，行政院看到聲明初稿，就傳出了陰謀論，說我是受呂秀蓮指使蓄意和院長游錫☒作對。

於是他首先透過教育部長黃榮村打電話來探詢，希望不要把聲明稿發出去。但是我強調，此事完全沒受任何人指使，純粹是大學校長們基於社會關懷、面對國家重大情勢的自發行爲，而且已經發出連署信，是不可能收回的。

游院長又透過我醫學系的學長、衛生署長李明亮找我，表示衛生署早已動起來，很多防疫措施都開始在做了。但我告訴他，就是因爲衛生署做得不夠，大家才會亂成這樣，我們希望政府成立一個強而有力的領導中心，能夠實際發揮作用。

游院長後來忍不住了，親自打電話給我。

「校長，我們是老朋友了，爲何要這樣做？」

他認爲這件事是針對他而來的。

我耐心解釋，大學校長完全是一片好意，出自知識分子對國家的關心，以往也常發表連署聲明，我們絕無惡意。雖然我一再地說明，不過，我發現游院長仍然誤會很深，這時，游院長突然說：「有校長說聲明是從台大發出去連署的。」

我回答說：「沒錯，過去也都是如此。」

停頓了一下之後，游院長問我聲明是不是一定得發？

我說：「是的。」

游揆見我沒有退讓之意，不悅地回了一句：

「好吧！你看著辦吧。」說完，他就掛了電話。

辦公室秘書見狀問我該怎麼辦？我依然指示她們把聲明傳到各報社去，結果成了媒體隔天大幅報導的焦點。

聲明中強調，每次颱風來襲，中央政府防颱中心都會立即設立，中心有高階指揮官、有完整管理情報系統、有二十四小時待命的人力，可以隨時接受各地資訊並作出決定，命令同時能夠下達到任何地方。但是政府在面對威力和殺傷力遠超過颱風的ＳＡＲＳ，卻始終沒有看到一個強而有力的指揮中心，以及有絕對權力的總指揮官，也沒有看到全國性的管理情報系統。

我們的聲明指出，政府到目前爲止，仍將防治ＳＡＲＳ看成是醫藥問題，而沒有了解政府管理制度的絕對重要性。我們希望有一個強而有力的政府，事權能夠統一，資訊能夠完整，中央和地方合作無間；因爲ＳＡＲＳ牽涉的層面如此之廣，如果沒有這種統一指揮和統一資料的指揮中心，即會造成混亂，防治ＳＡＲＳ一定會事倍功半。

演變為政治事件

這天晚上，ＴＶＢＳ李濤主持的二一〇〇全民開講，還是把發表聯合聲明的事當成了政治事件，廣邀來賓探討，讓我受到的壓力更大。

聯合聲明發表之後，游揆趕緊出來滅火，強調抗疫中央早有標準程序。校長們建議的「成立指揮中心」、「資訊管理系統」、「建立標準作業程序」三點要求，行政院也已逐一建構，並且由衛生署訂出相關標準作業程序，分送給相關單位作爲執行依據。

到了五月十日，游揆還是回應了二十七位大學校長的建言，宣布成立「行政院ＳＡＲＳ應變處理委員會」，由他當召集人，李明亮與副院長林信義擔任副召集人。其中，李明亮負責「防疫作戰中心」，林信義負責「紓困後勤支援中心」，中研院院長李遠哲另外成立專案研究小組，負責診斷醫療、中長期研究、國際連繫等。由於行政院的積極回應，整件事才就此告一段落。

從這件事可以看出：原本大學校長關心國事，共同發表聲明，表達意見，善盡知識分子的責任應該受到各界的肯定才對。這次的困擾主要在於一位校長思想不健康，將一件單純的事畫蛇添足。因他的通風報信引發了不必要的誤解，這是當初始料未及的。

其實我擔任校長期間國內大學基於對大學教育發展之職責所在，乃至社會重大事件的關懷，聯合發表共同聲明有好多例子，較重大的有：

（一）一九九六年三月二十一日　反對並譴責中共導彈恐嚇

（二）一九九七年七月十八日　反對國大取消憲法保障教科文預算百分之十五下限之規定

（三）一九九七年十一月　說明國立大學經費情況，並呼籲政府適當補助

（四）一九九九年三月　譴責國大修憲自肥案

（五）二〇〇〇年三月　呼籲未來總統當選人應召開國是會議

（六）二〇〇〇年八月　呼籲政府保障教育經費

（七）二〇〇三年五月　對於ＳＡＲＳ問題，提出成立防疫作戰指揮中心

（八）二〇〇五年一月　提出對政府設立科技部之呼籲

談到大學校長連署聲明還有一段小插曲。吳京回國擔任成大校長後，很希望有一番作為，幹

勁十足。上任不久就在成大辦了一場「兩岸大學校長會議」相當成功，還把成果獻給李登輝總統。一九九六年三月，中共導彈威嚇發生時，我和幾位校長正在討論發表連署聲明譴責中共，在討論過程中吳京搶先發出連署函，清大校長沈君山接到後，打電話給我憂心連署鬧雙包，我告訴沈君山既是共同聲明就沒有誰主導的問題，聲明正式發出之前，任何意見都可列入考量，沈君山表示他願意負責去協調。起初，吳京還是相當堅持，最後終於放棄，原因是幾乎所有主要大學都不連署。透過沈君山的協調，我們把成大版的部分內容納入，做成共同版本，於三月二十一日在台大召開記者會發表聲明，吳京也專程趕來參與記者會。在成大版裡面有下列一段文字：「我們呼籲中共當局，中國的統一乃是今後兩岸中國人共同努力的目標。兩岸炎黃子孫必須先互示眞誠相待，不能骨肉相殘。我們不願看見中國人再受內戰之苦，希望化干戈爲玉帛……」比較當時的政治環境，這可能是許多校長沒有連署成大版的原因。

同樣是因爲ＳＡＲＳ考量，五月二十一日，我以招策會召集人的身分，和教育部長黃榮村、大考中心劉兆漢主任一起開記者會，宣布爲了維護考生權益，害怕有閱卷老師因ＳＡＲＳ感染必須隔離，導致影響閱卷計分乃至放榜時間，決定本年全面取消人工閱卷題型。

消息一出，明星學校的家長擔心非人工閱卷題目無法測出學生的程度，而大爲反彈。游揆也向黃部長表達關切，加上疫情稍有緩解，黃部長建議再開會商議。二十三日的會議做成決議，除了國文、英文之外，其他科目維持原議採非人工閱卷。沒想到這項結果依然成爲立法院的討論話題。

五月二十七日，李慶安、許淵國兩位立委到我辦公室來拜訪，要我們改變決議，教育部則要求我們二十八日前要正式以書面回覆。我和各大學校長密集討論，同時也透過書面徵求意見。最後一致同意維持五月二十三日的決議。

這期間立法院教育委員會頻頻施壓，多次透過教育部要我和劉兆漢主任去報告。因爲大考中心、招策會都是財團法人的獨立機構，無須去立院備詢，我便以依法無據爲由，婉拒出席。最後他們變更議程要求我去報告「台大校務基金執行情形」，這是我台大校長的職責，依法有據，我當然得去。但是到了立法院，就如預料中的一樣，委員強烈質疑的仍是入學考試的題型問題。我堅決地表示：

「爲了使考生安心，絕對不能再做變更了。現在只有定下來，讓學生知道怎麼做就好了。」輿論也支持我的論點，這件事才慢慢平息下來。由此可知，大學入學考試獨立自主的重要性，任何外力的介入，都會增加考試作業的困難，甚至影響其公正、公平性，不可不慎。

接著，到了六月份，台大發起「端午驅毒防ＳＡＲＳ——台大關懷社會運動」，結合社會、醫學、公共衛生等領域的師生，一起投入防疫宣導、心理復健等工作。我也帶領學生們到鄰近社區發放洗手乳等物品，呼籲大眾在後ＳＡＲＳ時代打破人際之間的冷漠和疏離。

由於SARS疫情之故，這一年的台大畢業典禮以史無前例的網路方式進行，現場出席人數控制在一百人左右。雖然對許多畢業生而言，四年前他們遭逢九二一大地震，失去了被「迎新」的機會，四年後又爲了「抗煞」而無法擁有傳統的畢業典禮，大學四年的學習生涯顯得無頭無尾，而頗有遺憾，但是因爲高科技的補強，讓畢業生們一樣可以感受到歡樂的氣氛。然而，我在SARS期間所面對的各種挑戰和壓力，實在不是三言兩語可以道盡……。

與國際學生合影

運動代表隊合影

慰問划船隊

與台大幼稚園小朋友合影

與妻子一同在溪頭植樹

石碇義診

22

如果一個社會，
連最沒有利害瓜葛的師長對學生的
關懷都不能表達或不敢表達，
乃至延伸到父母與子女之間、
夫與妻之間、朋友與朋友之間、
甚至人與人之間的關懷
都成為禁忌的話，
那這個社會將是一個何等冷漠、
何等無情、何等可怕的社會！
而這難道就是我們所要的社會嗎？

第二十二章　許一個愛與關懷的圓滿社會

維護校產

繼SARS之後，緊接著發生在二〇〇三年夏天行政院限期收回公立大學眷舍及土地的措施，引起了住在台大宿舍內許多老教授的嚴重抗議，報紙也喧騰一時，讓台大再次成為社會矚目的焦點。其實這件事早在一月份就有傳聞，說是國有眷舍要被政府收回。說白了，就是政府財政有困難，於是將腦筋動到國立大學頭上，想將值錢的土地賣出。當時我曾向教育部長黃榮村探聽此事，黃部長直說不可能做成，沒想到後來公文果然來了，要求眷舍在二〇〇六年底要騰空。

當時我召集總務長陳振川、各院院長及退休教授代表緊集會商因應之道，達成了幾點決議：一、要求行政院先安置退休教授，再討論宿舍收回問題；二、台大應自己先提出「低度利用」土地合理使用計畫；三、政府應思考大學長遠發展，不能短線操作；四、很多台大老宿舍是低樓層的日式建築，對提升台北市中心環境品質有貢獻，也具都市文化及歷史意義，有保存必要等幾點共識。

為了保護校產，我立即成立「危機處理小組」、「土地規劃小組」，並在校務會議成立專案委員會；同時聯合成大、清大等校一起全力爭取。之後，台大等十九所國立大學發表連署聲明，批評這項政策的「短視近利」，嚴重妨礙高等教育的發展並圖利財團。

住在宿舍的老教授不乏德高望重的知名之士，包括前醫學院院長楊思標、政治系教授呂亞力、前法律系教授駱永家等。不少教授當年應前校長錢思亮之邀，放棄國外的優渥條件回國任教，當時錢校長和政府以免費宿舍爲誘因，允諾他們在此安心的教書、做研究，他們從未想過會有這一天。如今他們都已是七、八十歲的退休之齡，如果政府收回他們的房舍，他們將要搬往何處？

除了影響退休教授的權益外，我認爲此舉也嚴重影響高等教育的永續發展。日據時代台大的學生人數極少，光復之初才不過五百多人，當時的政策預留這些土地給台大，就是爲了大學未來的持續發展留下空間。而且，過去只有政府編列預算爲公立大學買回校地，還沒聽說政府要把大學的用地收回的。如果此時政府將大學校地出售，對當年被徵收其土地房屋的民眾，又將如何交代？

更何況教育是百年樹人的大計，國立大學又是國家整體發展的重要部分，其特性和國營企業或行政機關不同，政府應該協助大學做好整體規劃以利永續發展，而不是將大學列於資產清理的檢討範圍，動輒取走土地或宿舍。

當我得知行政院勢在必行，便立刻寫信給陳水扁總統，大意是說，當年日據時代的政府都知道看重大學發展，而今號稱本土政權的民進黨執政，卻要來打大學校地的主意，似乎說不過去。

各方角力

然而政府對這件事的態度也十分強硬，我最初求見行政院院長游錫堃卻不可得，之後游揆同意接見我們國立大學校院協會的七位國立大學校長，媒體說我們兩方是高手過招、在進行攻防戰，也在互動過程中針鋒相對。會中李逸洋批評台大造成誤解，傷害人民與政府的感情，我則回應說：「這是典型的決策和執行落差的問題。」

另外我透過台大公衛系的校友李應元，請他在民進黨中常會發言支持台大。聽說他在黨內會議發言時，陳水扁聽了也點頭稱是，覺得不應該貿然執行。

後來又聽說內政部長李逸洋的態度十分強硬，因此在台大兒童醫院興建工程破土典禮時，陳水扁總統帶著邱義仁秘書長來參加，我告訴邱義仁，能否幫我在李逸洋面前打個招呼，但他回說他對李沒辦法，只有阿扁總統說的話李逸洋才會聽，要我直接找阿扁總統。破土典禮結束，總統要離去之際，我趕緊抓住機會上前，請總統和李逸洋溝通一下，他答應了。

之後在總統科學獎舉行頒獎晚會中，我因為是評審委員，應邀參加頒獎典禮。晚宴中陳總統趁敬酒之便，私下告訴我，有關回收大學眷舍的事，他已把我的意見轉告行政院游院長，有做處理了。

最後的結果是：台大除了潮州街一筆因土地和建物非屬同一單位經管而緩議外，其餘的宿舍房地都獲留用。這一次陳總統眞的有幫忙，應該要提上一筆。

台大後來規劃「椰風專案」一期、二期，以原有青田街、溫州街的舊宿舍改建，自己向銀行貸款，興建高品質的學人宿舍，以便宜的價格優惠教師居住，加強台大的競爭力。

陷入選舉風暴

轉眼之間，四年一次的總統大選又開始開打，國民黨的連宋配挑戰競選連任民進黨的水蓮配，全國又陷入濃濃的政治氣氛中。藍綠對決每天上演，兩組候選人的一舉一動皆受全國矚目。

這時候，公視要爲兩邊陣營舉辦兩場電視辯論會。二〇〇四年二月十二日下午，公視董事長吳豐山到台大來邀請我主持二月廿一日連戰、陳水扁的辯論會，第二場則由他主持。我起初表示，我對政治沒興趣，也不想涉入政治，但是吳豐山表示，主持電視辯論和涉入政治無關，主持人也不能偏向哪個政黨。

吳豐山當時感嘆地說，現在形象好、具有社會聲望、能讓民眾信服的人已經不多了，所以他才會找上我。

我當時沒有立即答應，只表示：「好，讓我考慮一下。」後來台大出版中心主任柯慶明教授剛好有事來找我，因爲柯教授是我經常諮詢的對象，我就問他對此事的看法。他勸我接受，因爲台大校長最能代表公正立場，幾番思量，我決定答應吳豐山當總統辯論的主持人。

沒想到，二月十三日接近中午，吳豐山打電話來，語氣十分沮喪、委屈，他告訴我和藍綠陣營協調，希望由我當辯論主持人，結果綠營認爲我有偏向泛藍的政治色彩，不同意我當主持人。這讓吳豐山無法了解，連我這個強調學術自由、政治中立的台大校長形象都被質疑，實在使他灰心、難過。

我自己的感覺也很不好，在政治上，我向來力求中立，不偏向任何政黨。然而，曾幾何時我變成政治上的「有色人種」了？或許綠營是因爲兩千年親民黨曾找我當副總統候選人，才把我貼上標籤的吧！

三月十九日，總統大選投票日前夕，驚爆兩顆子彈打在正副總統身上。消息傳出，全國譁然，耳語滿天飛。一邊說是中共主使暗殺，一邊說對方陣營自導自演。結果因爲正副總統的傷勢並不嚴重，選舉照常舉行。二十日晚間開票的結果是：水蓮配以兩萬多票的差距，贏了這一次總統大選。連宋陣營則以三一九槍擊案疑點重重爲由，申請重新驗票，同時也向法院提出當選無效之訴。一般民眾都看傻了眼，不知到底什麼才是眞相。

因爲這事太過敏感，牽動了藍綠陣營最纖細的神經，使得社會呈現出異於往日的騷動與混亂，全國瀰漫了令人不安的緊張、對立與猜忌的氣氛。爲了要求眞相，抗議選舉不公，支持連宋陣營的民眾開始集結在總統府前的凱道上，不肯離去。四月初，媒體報導包括台大學生在內的一批年輕學子，在中正紀念堂靜坐抗議，我本來不太注意，因爲台灣學生參與社會運動是常有的事。

不過，當四月五日我從中部家鄉掃墓歸來之後，看到晚間新聞報導，這些學生絕食已經超過七十二小時了。基於台大校長關心學生的責任，另外也是醫師的本能反應，我擔心學生們絕食太久會有生命危險；因此隨即聯絡學務長溫振源、台大醫院院長李源德以及幾位醫護同仁，準備一些必需品及醫療器具，一起趕到現場了解他們的健康狀況，並就日後的健康照顧做適當的安排。

不過，我當時聽說落選的連戰、宋楚瑜也要去探視學生，爲了避免泛政治化，我們一行人刻意避開連、宋，等到深夜才到紀念堂，除了幫他們檢查身體，也留下一些必需品。

其實，早在我當台大醫院副院長的時候，有一次台大學生在校門口靜坐很久，校務會議擔心學生安危，也曾選派我及幾名教授前往探視，當時我還帶著我研發的「台大五號」點滴，內含電解質、葡萄糖，送給絕食的同學飲用。

然而，這次一個單純關心學生健康的舉動，竟然也被貼上政治標籤。翌日有少數人來電，質疑我是否支持泛藍陣營，否則爲什麼要去探視學生？難道是在鼓勵學生抗爭？台大也有教授在報上投書，認爲我不應該去紀念堂。對此，我眞是深感不解。關心學生也有錯、也不可以嗎？如果把天下事都扯上政治，這樣的生活品質會是如何呢？

台大學生獻出愛心

就在同一時間，台大校園發生了一件相當感人的事，外文系一位詹姓女同學需要骨髓移植，慈濟和台大爲她發起捐髓驗血活動。原來預定只能受理一千人檢驗，結果來了一千五百人以上，擠爆了鹿鳴堂。不少學生下課後急急忙忙趕來，卻因遲到未能趕上而懊惱不已。連一些鄰近的學校，甚至遠地的學生，也紛紛趕來伸出援手。

第二天，媒體爭相報導，中國時報開頭就引用一位台大同學的話說：

「大家都很有愛心，這就是台大的學生！」

這種場景、這種表現，眞讓我覺得比榮獲國際學術大獎或取得重大研究成果都要更可貴、更値得珍惜！

詹同學的父親在寫給我的「備忘錄」中，認爲這件事代表了台大的教育是成功的，台灣畢竟是一個有感覺、有關懷的好住所。

當時，一向致力把愛傳出去的台大「福智青年社」，年度推動主題剛好是愛與關懷，我有感而發，就在當年畢業典禮，以「愛與關懷是圓滿社會不可或缺的元素」爲題發表演說。

在演說中，我以去中正紀念堂探視學生爲例，感嘆著：

「如果一個社會，連最沒有利害瓜葛的師長對學生的關懷都不能表達或不敢表達，乃至延伸到父母與子女之間、夫與妻之間、朋友與朋友之間、甚至人與人之間的關懷都成爲禁忌的話，那這個社會將是一個何等冷漠、何等無情、何等可怕的社會！而這難道就是我們所要的社會嗎？」

自有人類歷史以來，社會不一定要有政治，也可以沒有所謂「藍綠」或「黑白」，但就是不能沒有「愛」與「關懷」。

誠如台大「福智青年社」同學給我的信所說的：

「愛與關懷，是圓滿社會不可或缺的元素。其實，這個社會還是充滿了希望與溫暖的。」

畢業典禮上致詞

23

然而想追求世界一流大學，
先決條件是必須要有好的人才及環境。
這些年來，
我致力於透過各種評鑑，
督促及獎勵台大教授發揮潛力，
同時建置更適合教學及研究的環境，
否則即使從國外找來再優秀的人才，
如果沒有環境相互配合，
研究成果可能還是不如預期。

第二十三章　帶領台大成為世界一流大學

政治中立

對於別人質疑我的「顏色」，我感到相當遺憾。其實，對於政治我完全不希望涉入，而且我擔任台大校長之後，始終秉持「大學自主與學術自由」的理念，儘量遠離政治，也避免邀請政治人物到畢業典禮或校慶大會上致詞。尤其是畢業典禮，因爲典禮的主角其實是學生和家長，一旦總統或副總統要來，安檢和交通管制都很嚴格，造成相當不便，讓現場更加混亂。

特別是典禮致詞主角已經排定之後，即使總統想來，我也照樣拒絕。包括李登輝、陳水扁等兩黨總統我都曾經拒絕過，我的原則從不因人或政黨而有異，或做任何改變。

在李登輝執政的時候，有一年（一九九五）原青工會主任徐抗宗先生打電話給我，說是李總統想參加母校的畢業典禮，能否安排致詞演講。我對他說非常抱歉，當年畢業典禮已經事先邀請中研院副院長張光直來演講了，原則上一次只能有一位主講人，如果再邀李總統，那會對張光直不太禮貌。

聽到我婉拒李總統回台大畢禮演講，對方有點不高興。他說：

「人家想邀總統都邀不到了，台大居然還拒絕。」

我一再解釋：「是因爲已經先邀別人了，不是對李總統有偏見，下次有機會，還是歡迎李總統。」

聽說李總統對被拒一事很不愉快，當年就改到台師大畢禮演講。不過，下一年（一九九六）的畢業典禮，我還是請他回來演講。

陳水扁總統在兩千年剛當選還沒就任時，有一次國泰副董蔡宏圖作東宴請他，並引見總統與醫界大老認識，我和台大醫院院長李源德以及陳楷模、洪啓仁、黃芳彥都應邀赴宴。他見到我很客氣，還談及人事布局的問題。席間他提到，中興大學畢業典禮要請吳淑珍回母校演講，他問我：

「我是否也可以回母校台大演講？」

當時我還沒決定畢禮演講人選，加上陳致中讀台大法律系，陳水扁是學生家長，而且當時阿扁的聲望、氣勢都很高，回母校對畢業生致詞，應該有所激勵和啓發，經過台大內部討論後，決定邀請他。陳總統上任後也和行政院院長張俊雄一起出席在凱悅舉辦的校慶餐會。有一年雖然沒能出席，但請研考會主委林嘉誠代捐了廿萬元。

之後有一次校慶，總統府辦公室主任馬永成打電話給台大主秘溫振源，說是陳總統有意到校慶大會演講，但是當時人選已經決定，不得不婉拒。不過主秘也表示：如果總統想參加校慶募款晚會，校方非常歡迎。不過，陳水扁那一年並沒有出席校慶晚會。

以世界一流大學為目標

再回到治理台大的議題上。我作台大校長之後，念茲在茲的一直是如何帶領台大成爲世界一流的大學。我曾在一九九六年提出「純淨、自主、均衡、卓越」四大信念，並配合既定的七大目標，作爲引領台大邁向二十一世紀的方針。但是由於解嚴之後大學的數量急速膨脹，加上政府高教經費的緊縮，使國內大學發展面臨前所未有的嚴峻考驗。我曾呼籲政府正視這項問題，避免「量變」造成「質變」，因爲我深信唯有集中資源發展「重點大學」，台灣才有機會出現世界級的一流大學。

一九九九年，我成立「重點大學推動小組」，廣徵師生意見、研擬各種具體方案，希望在十年之內，讓台大成爲國家的重點大學；我同時指出「從完整走向精緻，從台灣走向世界」，是台大邁向世界頂尖的唯一道路。我也特別強調：台大在追求知識、學術領域的「完整」之外，更須追求各領域內在的精緻；台大不只要做台灣第一學府，更要擠進世界一流大學，不但要融入世界潮流，也要能凸顯台灣的本土特質。

二〇〇一年，我第二度連任後，在校務會議以「國家重點、世界一流」爲題提出工作報告，以「重點突破、均衡發展」爲發展策略，積極爭取政府設立五年五百億頂尖大學計畫，希望帶領台大追求卓越、邁向頂尖。因爲此時台灣的產業已逐漸由過去的「老二哲學」或「追隨者」角色，轉型爲創新、領先的地位了。作爲知識供應鏈源頭的大學，必須要調整其定位和方向，提升研發、創新的層次，才能支持下游產業不斷的升級和發展。

說起五年五百億頂尖大學計畫的由來，要慢慢細說從頭。背景是在解嚴之後，國內的大學數量從一九九一年的五十所，到八十九年的一三五所，增加兩倍多，學生人數也相對激增。二〇〇〇年我國高等教育人口占總人口百分之七·三，但國民所得只有一萬兩千多美元；日本高等教育人口不過百分之二點多，國民所得卻近三萬元。日本東京大學在一九九〇年的經費，即已遠大於台灣二〇〇〇年所有國立大學經費總和，台灣根本無法相比。

我接掌台大校長之後，高教經費已經開始緊縮，要政府提高整體大學經費，已是緣木求魚，權宜之計只能鎖定重點大學、重點領域、全力扶植，台灣的大學才有出頭的機會。

其實，台灣鄰近國家如日、韓、中國，這幾年無不卯足了力氣發展世界一流大學，如：韓國提出「Brain Korea 21」，重點扶植大學，要讓廿一世紀韓國更有競爭力；日本曾設定「國公私頂尖卅」計畫，重點補助三十所大學，後來改成扶植「卓越中心」。

至於中國近年採取「重點中的重點」發展策略，初期集中在北大、清大、交大、復旦等九所大學，其中撥給北大、清大各十八億人民幣，南京、復旦等校各十二億，北大並設定二〇一五年要成爲世界級大學。

至於美國在二次大戰前，其大學幾乎無法和歐洲大學比擬，九十二位諾貝爾獎得主只有四位是美國人。但戰後美國大學的發展突飛猛進，這固然受惠於經濟繁榮，但更重要的是聯邦政府重點補助的科技政策，一方面將科技研究與大學研究所緊緊結合，一方面採優勢競爭的補助政策，一九六三年的研究經費有五成七集中在六所大學，七成九爲廿所大學獲得，這廿校只占接受政府支助的重要研究型大學的一成而已。

一九九九年，行政院在花蓮召開科技顧問會議，與會人士建議，台灣應建立一個多元的高教系統，依不同定位設定願景及任務，朝研究、教學、社區型大學發展，並集中力量扶植一所研究型大學，給予充足經費，鼓勵創新研究，成爲世界一流大學。

當時交大校長張俊彥、中央大學校長劉兆漢都在場，主張把建議改爲「遴選『至少一所』大學，給予足夠資源，使其在廿年內成爲國際一流大學。」

我隨即與台大一級主管及教授多次開會，討論如何使台大成爲世界級大學，並決議成立重點大學推動小組，積極爭取成爲國家重點大學，並於隔年由法律系教授林子儀等老師完成「台大實施法人化可行性之研究」，尋求在法制層面可能突破之道。

當時的構想是：一、台大應改為「公法人」，才有較大機會促成人事與財務法規鬆綁；二、台大內部組織宜改為經營模式，以提升營運效率；三、建議政府仿效英、德、法等國，以評鑑結果做為撥款各大學之依據。根據科顧會議的建議，教育部於二〇〇〇年起，編列五年一百億元的「大學追求卓越發展計畫」，補助大學進行跨領域整合研究，台大獲多項計畫補助；隔年教育部又提出「推動國立大學研究所基礎教育重點改善計畫」，額外補助台、清、交、成、政、中山、中央、陽明、台科大九所研究型大學共七億兩千萬元。

之後教育部又委託劉兆玄規劃「推動研究型大學整合計畫」，以提供額外經費，鼓勵校際整合或大學整併。原來的草案，很明顯地把台大排除在外，但我認為台大具有其他三、四校規模，且領域完整，應該就校內整合效果會更好，不一定要跨校整合。經過我的極力爭取，計畫後來改為校內、校際兩種整合方式，校際整合又分為「設立跨校研究中心」、「組成大學系統」、「由數所規模小或院系不夠完備之研究型大學合併為一所更具規模的研究型綜合大學」。

因為台大校長身份，而能親自參與推動這些計畫，為國內未來的大學方向盡一分力量，讓我感到相當欣慰。

五年五百億計畫

「研究型大學整合計畫」台大獲核定爲三主軸研究型大學之一，以校內整合爲主，獲准成立奈米科技研究中心、資訊電子科技整合研究中心、基因體研究中心、東亞文明研究中心，爲後來拿到五年五百億邁向頂尖大學計畫打下基礎。

二〇〇四年，行政院提出「新十大建設」，「發展國際一流大學頂尖研究中心計畫」爲其中之一，政府準備在五年投入五百億，目標是使國內至少有一所大學可以在十年內進入世界排名一百名內，至少有十五個系、所、中心在亞洲排名第一。

這正是我們多年來努力推動的成果，各校無不對這項攸關大學未來發展的計畫努力爭取。然而想追求世界一流大學，先決條件是必須要有好的人才及環境。這些年來，我致力於透過各種評鑑，督促及獎勵台大教授發揮潛力，同時建置更適合教學及研究的環境，否則即使從國外找來再優秀的人才，如果沒有良好環境相互配合，研究成果可能還是不如預期。至於具體方法，最重要的是建立制度、爭取更多資源。

我曾拿著針對五年五百億台大所準備的簡報前往總統府，向阿扁總統報告台大的規劃，以尋求支持。但是這次去總統府卻不是出於我的本意，而是因爲台大校長不可避免的要受到一些「喬」人事的壓力。李登輝時代我經歷了一次，阿扁時代我又經歷了一次。

總統關注院長人選

這是在二〇〇四年，李源德將在七月底從台大院長卸任，這個執掌國內醫界龍頭的位置，遺缺由誰來遞補，引起了多方矚目。在決定人選的過程中，陳水扁總統介入了運作。

二〇〇四年三月三日，當過台大麻醉科主任的新光醫院副院長、也是過去台大多年的同事黃芳彥，打電話給我，自稱代表陳總統想見我。我回說：

「大家都這麼熟了，有事在電話講就好了。」

他說：「台大要換新院長，總統希望可以由外科主任李伯皇來當。」

我答覆：「李伯皇能力很好，但才剛接任外科主任，現階段外科主任這個位子很需要他，不過總統的建議我會列入考慮。」

到了七月初，總統府辦公室打電話來，約我到總統府喝咖啡，我問爲了何事，對方只說總統想和我聊一聊，由於他們和我接觸了好幾次，不去會顯得不太禮貌。

於是見面當天，我拿了一本簡報到總統府，報告台大的發展現況，尋求總統支持五年五百億頂尖大學計畫的預算，他聽簡報時，有點心不在焉，後來終於忍不住問我：

「台大醫院院長決定了沒有？」

我回答：「已經決定由林芳郁接任。」

他直言林芳郁不適合，說了幾個理由，一是他有過醫療糾紛，還曾在二〇〇一年，批評李登輝在台大醫院做心導管暨氣球擴張手術後，不懂感恩，反而誇讚日本醫師醫術高明。

我說林芳郁已向李總統道過歉，這些都已經解決，問題沒有這麼嚴重，接著我詢問陳總統言下之意？

他認為林芳郁的大學同班同學侯勝茂比較合適。

我回說：「您不久以前不是要黃芳彥來表示希望由李伯皇擔任嗎？」

陳總統立刻說：「這個黃芳彥，把事情搞砸了。」

我告訴他：「我對這兩人都沒偏見，也覺得都很合適，決定人選的過程也曾提出來討論。」

總統問我：「不能再改變嗎？」

我表示不可能。

總統臉色不太好：「你都不尊重我。」

我心想總統應該尊重我的人事權才對啊！

他接著又說：「如果你找林芳郁當院長，我以後就不來台大。」

我不以爲然的表示：「台大到底是你的母校，有必要這樣子嗎？」

陳總統趕忙解釋說：「不，你講的台大發展計畫，我仍然會支持，只是以後不到台大醫院去看病。」

當時場面有點僵，空氣爲之凝結。

我就此告辭，要離開總統府會客室的時候，總統看到桌上還放著原本準備送給我的禮物，連忙拿起來要我把禮物帶走。

礙於禮貌，我將禮物帶了回來；然而，這份禮物我到今天都還沒有拆封。

從總統府回來時，林芳郁正在辦公室等我，我告訴他：

「接院長的事可以宣布了。」

隔天夜裡，有台大同事到宿舍來向我報告說，台北調查處接受葉盛茂局長之指示，要針對林芳郁進行調查，據說是陳總統直接打電話給葉局長指示辦理的。

我說：「這應該是例行的安全調查，不必在意。」

事實上，我選林芳郁當院長，當然有所考量。早在六月十七日我就找來醫學院院長、醫院院長、公衛學院院長、主秘等人一起討論人選，大家都覺得，內科的人已經當了院長二十幾年，這次應該改由外科的人來做。肝臟移植權威、外科主任李伯皇，現階段外科仍很器重他，應該留任。

至於學號只差一號的林芳郁、侯勝茂這兩位醫學系同班同學，稱得上是勢均力敵，棋逢對手，但林芳郁爲現任副院長，對院務比較了解，對病患也很有愛心，很適合當院長。

我後來發布人事命令，由林芳郁接院長。但我認爲總統還是應該受到尊重，於是我要林芳郁找黃芳彥安排，請陳總統繼續到台大健診、看病，他對此事倒還能接受，以後繼續在台大診療。後來過年時阿扁總統請大學校長喝春酒，他和我談到侯勝茂擔任衛生署長的事。

我說：「林芳郁、侯勝茂一個當院長、一個當署長，正是適得其所，如果對調的話反而不適合。」

陳總統點頭稱是，表示認同。

台大醫院院長交接

與國立大學校長拜訪行政院長唐飛爭取國立大學經費

陳總統參加畢業典禮

李總統參加畢業典禮

院長交接典禮

陳總統請大學校長喝春酒

社工系成立

生物技術研究中心成立

國家發展研究所揭牌典禮

電機資訊學院成立

頒授崔琦名譽博士學位

頒授楊祖佑名譽博士學位

頒首位名譽博士學位給辜振甫先生

蘇仲卿教授榮退

24

若有人要問我校長任內最滿意的政績為何？

我自認是建立了一個「整合」的平台與制度：

我一方面把不同領域的人整合在一起，組成團隊做出跨領域、跨校甚至跨國的研究；

另一方面是整合不同的系所，成立了新的學院，或是推動失去競爭力的系所改名、協助轉型。

第二十四章　校長任內最滿意的政績

拔尖打底不可偏廢

五年五百億「發展國際一流大學計畫」（現改爲「邁向頂尖大學計畫」），是國內史無前例的最大筆高等教育專案計畫，台大若能獲得更多補助，對我們將來的發展必然大有助益，也才有國際競爭力。但是我擔心預算在立法院不會過關，幾次邀請擔任立委的校友們聚會，向他們提出簡報、尋求支持，並和其他大學校長一起拜訪國、民等黨團及無黨籍立委，也先後拜訪游揆、謝揆和陳總統請求支持。

不過，游院長本來依據科技顧問會至少補助一所大學的精神只想重點補助至多兩所大學，卻遭到其他大學的抗議。民國九十四年元月，大學校長會議在中正大學舉行，陽明、中央、中山、中正、中興、政治、元智及台科大等八位校長，發表共同聲明，強調如果經費集中於台大、成大或清交合併之後的大學，僅能培養極少數研發人才，無助於提升國力。

當時快要總辭的游揆本來還沒有讓步，後來中山大學校長張宗仁打電話給將出任閣揆的高雄市長謝長廷，請他出馬攔下此一計畫，最後有多達十二校獲得補助，但還是以台大每年三十億爲最多。

然而，我每次到政府各單位開會，都會一再提醒，不能把五年五百億頂尖大學計畫當成解決高教問題的萬靈丹，還必須要有長期的教育經費整體改善計畫。除了拔尖，還要打底，二者不可偏廢。不然，只有幾所大學好，其他大學不好，一樣是缺失。想要有計畫地改善各校基礎建設，確保學生能分到一定水準的教育經費，最好的方式就是保障教育經費占GDP或總預算的一定比率。

世界一流大學的重要指標之一，當然非大學靈魂的研究莫屬；研究的泉源在於優質的人員、設備以及良好的制度。爲了能夠將目標落實，台大在一九九八年頒行「台大教師倫理守則」，界定教學、學術、人際與社會倫理，提醒教授善盡教學、研究與社會的責任，秉持知識眞理、自由自律、公正客觀、誠信正直、和諧純淨、互敬合作、敬業精進、篤實服務等八大基本信念，上課應秉持專業，尊重學生自由立場，研究不應抄襲等。

「台大教師倫理守則」雖然並不具備法律的約束力，但是透過道德自律反而更具積極的意義，也更符合大學自主的精神。値得一提的是，自從倫理守則頒行之後，許多原本喜歡在課堂上高談闊論、批評時政、灌輸政治理念的教授，也都收斂不少了。

其次，過去傳說有教授一本講義用了幾十年，教學不求改進，校方也對於這類教授莫可奈何。反觀國外，學生對老師和課程的表現回饋意見非常普遍，爲了督促教授善盡學術責任，台大開始訂定課程評鑑、系所評鑑及教師評鑑辦法，配合其他獎勵措施，使得教學、研究水準大幅改善，學生滿意度也顯著提升，這三項措施提升了國立大學的學術風氣，各校紛紛跟進，日後也成爲大學評鑑的重要指標。

台大在八十五學年訂定課程評鑑辦法，於每學期末調查學生對上課內容的滿意度，爲零到五分，對評鑑值偏低的課程，協助教師改善。不過，推動之初，有些教師難以接受，一開始效果並不理想，原先由助教發問卷給學生塡答的方式，回收份量不多。後來改採網路型式，且學生如果塡完問卷就可以查看成績，並優先選課，學生塡答率遂由原本的三成多，增爲七成多。

課程評鑑對教授產生約束力，學生對教授滿意度也大大提升，評鑑平均值從起初的三・六，增爲二〇〇三年的四・一；評鑑值超過四的課程，也由一成八增爲近六成五；評鑑值三以下的課程，更是由百分之八降爲百分之〇・六，教學品質顯著改善許多。

單位評鑑是一個機構自求進步的必要機制，國外早已行之多年，國內在我擔任醫學院院長時，首先組成諮詢委員會，由國內外學者到各單位訪視並提出改進意見，是國內大學單位評鑑的濫觴。擔任校長後，台大於一九九七年起率先執行，訂定「教學研究單位評鑑辦法」，教育部直到二〇〇五年才全面推動大學評鑑，委由高等教育評鑑中心執行。

台大的系所評鑑，各單位每四到六年接受評鑑一次，每個系、所花費二到三天的時間評鑑，由學院或學校推薦適合的校外委員執行。過程中同時會和教授、學生面談，以掌握確實的資訊。評鑑項目包括教學及研究成效、學生滿意度、校友表現等，讓各系、所得以根據評鑑結果改善教學研究。

我印象很深刻的是有一次，某個系在接受評鑑時，受訪學生要評鑑委員「救救我們」，爆料系上的課程排得很差，教授都在外兼差。校方於是組成調查委員會深入探究，發現系主任帶著教授到外面補習班兼差，於是撤換系主任，全面整頓，使該系因此呈現嶄新面貌，從此表現優異，是高中學生嚮往的熱門科系。

我當校長後，把醫學院院長任內推動的教師再評估制度，擴展到全校，授權各院自訂評鑑標準報校核備，以多元化評量制度，評估教學、研究、服務各方面的表現，這也是首開國內大學先例，激勵其他大學跟進仿效。

我記得當年在遴選校長時，有校務會議代表抱著質疑的態度問我，是否要把醫學院教師再評估那一套帶過來，我表示：

「我個人認爲這是一項好的制度。至於是否要在台大推行，最後要大家來決定。」

訂定教師評鑑制度

我上任後，交由陳正宏副校長來推動這項制度，有人笑說我大概是不想連任了，才會這樣做。沒想到教師再評估反而變成我得以連任的重要政績，顯示這套制度普遍受到支持；也可見，只要是正確的方向就應該堅持去做。我認爲台大教授自我要求、自我提升的精神相當値得尊敬。

以往台大有些系，比不上清、交等其他學校，經過教師再評估的汰弱留強，增加新陳代謝，變得更有競爭力；以前不太做研究的教授，也因此督促自己，全力發揮潛力。

大學各系所內，很難排除派系之爭，以往教師出缺，表面上雖然由系教評會決定聘任人選，但往往仍會被少數教授控制，選用特定領域的新人，不見得有利系上整體發展。

爲了避免這類弊端，我在任內訂定「新進教師遴選辦法」，規定系所聘任新人前，要先組成一個遴選委員會，擬定一個系上的發展計畫，再根據計畫需求，遴選適合的幾個人選，提報系教評會決定，以免任用私人，加劇派系之爭，這在國內大學也是創舉。

除了推動課程、系所、教師評鑑，台大還訂定一連串的獎勵機制，激勵研究、教學，例如：設置特聘研究講座、講座教授及其他獎項，鼓勵及延攬教學研究卓越者；還設置新進教師創始研究經費，讓他們在最短時間內展開研究，除特殊情形外，平均每人可以獲得近廿萬元；各院系另行補助的經費，則從兩百萬元到幾十萬元不等，對草創階段的新人有很大助益，對爭取人才有相當的幫助。

過去台大常被批評重研究，輕教學，作研究的老師容易得到外面政府或民間單位補助，但教學傑出的老師卻多被忽略，因爲其表現較難量化，也無法立竿見影。

設立教學傑出獎

爲了獎勵教學認眞的老師，台大自一九九九年起設立台大教學傑出獎和教學優良獎，每年每一百名老師中可以得到傑出獎的約只一名，因此相當受到重視。選拔過程是先經由學生票選，之後再由各學院的委員會選出，給予實質獎勵與表揚，並把獲獎者事蹟集結出版「人師與經師」，後來各校也相繼制定表揚優良教師的辦法。

經過上述種種機制，台大教授的研究能量有長足進步，以國際認定的SCI、SSCI論文爲例，一九九四年台大只有一一五〇篇，十年後增爲二六六二篇，超過倍數成長，以這十年間台大發表論文總數來看，剛好晉身全球一百名，工程、電腦、材料、理學、藥理與毒理等領域，更排名在一百名內。不過台大論文被引用的總次數，卻一直只排到兩百多名，仍較國際頂尖大學遜色很多，這是國內大學重量不重質的長期問題，台大要邁向世界一流，一定要克服這個問題。

此外，上海交大自二〇〇三年公布「世界大學排名」，雖然計分指標不見得公平，但幾年來台大在兩岸三地排名，幾乎都是居冠，但對岸大學已逐漸趕上，台大不能以此自滿。

任內最滿意的政績

若有人要問我校長任內最滿意的政績爲何？我自認是建立了一個「整合」的平台與制度：我一方面把不同領域的人整合在一起，組成團隊做出跨領域、跨校甚至跨國的研究；另一方面是整合不同的系所，成立了新的學院，或是推動失去競爭力的系所改名、協助轉型。

爲了促進校內的整合，我設立了「校長時間」，又稱跨領域座談會，請研發會邀請各學院報名參加。每次和三、四個不同學院的三、四十名教授中午一起在尊賢館用餐。期間，請不同領域的教授自我介紹，並簡單講述自己的專長及所做的研究，如此一來，大家不但能彼此認識，更可以激盪出做研究的能量。

教授寒暄時常會出現類似的對話，是我最高興聽到的：

「原來你在做這個研究啊，有機會我們可以合作！」

在學術界，不只隔行如隔山，甚至同一學院的不同系所教授，都可能不了解彼此做的研究。透過「校長時間」，如果每次能促成一組教授合作研究，就算是很有貢獻了。

透過這種方式，直到我卸任校長時，台大做整合研究，已經成爲常態，如電機、工程、農學和醫學院合作，就迸出很多智慧火花；農學院和工學院合作，也累積很多研究成果，所有大型研究計畫也幾乎都是跨學院的，甚至跨校、跨國的。

爲了提升台大競爭力，我除了整合教授跨領域研究，也致力整併系所成立新的單位，汰弱留強，讓教學、研究資源發揮最大效能。自我上任之後，先後有公衛、電機學院成立，法學院則分爲法律及社會科學院，但遭遇最大阻力的是二〇〇三年把動、植物等系所整併成生命科學院。

生命科學發展日新月異，愈來愈著重跨領域研究，像台大還分成動物系、植物系，早已不符合時代的潮流。在陽明、長庚等公私立大學紛紛設立生命科學系之際，台大更沒理由故步自封，於是我積極推動原隸屬於理學院的動、植物系整併成生命科學系；動物、植物、漁業科學、生化科學等四個研究所改隸生科院，並新設分子與細胞生物學研究所及生態學與演化生物學研究所；農化系從事生命科學的學群則分離出來新設生化科技系及微生物與生化學研究所，整併成二系七所的生命科學院。

我提出成立生科院的計畫後，請教務長李嗣涔負責推動，起初遭受到很大的阻力，每次開會都是砲聲隆隆。李嗣涔問我意見，我認為做事有阻力時，一般人都會觀察主事者的決心夠不夠？如果此時退縮，阻力一定會更大，於是我親自出面召開了兩次會議，表達強烈的意志和決心。而後大家也逐漸轉變了態度，慢慢願意配合。後來動物系開系務會議時，終以超過三分之二的票數通過和植物系合併為生科系。克服萬難，完成整併，是李嗣涔教務長任內很重要的政績，有助於後來選上校長。

系所汰舊換新

另一方面，台大也逐年推動部分較不具競爭力的系所改名，以農學院為重點，改名為「生物資源暨農學院」，農工系改名「生物環境系統工程學系」，農機系改為「生物產業機電工程學系」，畜產系改為「動物科學技術學系」等。

不過，我一再提醒各系，改名之際，不能只把名稱改掉，必須連課程、研究領域、師資都要因應改變。否則易流於換湯不換藥，有欺騙社會之虞。這些系也都眞的照做，否則大考錄取分數不可能高出以前那麼多，例如：畜產系改名「動物科學技術學系」之後，致力複製動物、基因轉殖等先進研究，即使在國際上也能首屈一指，大考錄取分數呈現三級跳。

到我卸任時，台大共有十一個學院、五十四個系、九十六個研究所，堪稱台灣最完整的大學，學生也已近三萬人，達到飽和量，爲避免無限制擴張，台大乃制定系所新設標準，規定新系要有十八名專任師資、研究所要有七人以上才能增設，避免師資太少，發展受到限制，這項創舉後來被教育部沿用，當成全國標準。

爲增加研究能量，我也逐年增招台大研究生，凍結大學部學生，預定達到大學、研究生接近一比一的規模，但教育部要撥給五年五百億補助時，卻附加條件，要求台大五年增招一千五百名大學部學生，當時我極力反對，認爲補助不應和招生掛勾，經協調後採權宜措施，讓台大停辦大學進修部，把名額移給頂尖大學增招的部分，維持台大學生三萬人總數，以避免影響教學品質。

校長交接，卸任

畢業典禮校園巡禮

卸任茶會

校友會校慶茶會

退休晚宴與妻子合影

學生會活動

時間來到了二〇〇五年的六月，
我緩步走在椰林大道上，
微風輕拂，
使人通體舒暢。
環視台大校園內的一草一木，
每一吋土地、每一棟建築，
對我而言都是如此熟悉，
充滿了感情、充滿了回憶。

25

第二十五章　永遠的台大人

與台大一起成長

時光飛逝，時間來到了二〇〇五年的六月，我緩步走在椰林大道上，微風輕拂，使人通體舒暢。環視台大校園內的一草一木，每一吋土地、每一棟建築，對我而言都是如此熟悉，充滿了感情、充滿了回憶。似乎台大校長的選舉過程還歷歷在目，似乎我還忙於處理校務上的許多細節，爲第二學生活動中心反覆開會商議、爲爭取舟山路改爲校內道路而四處奔走、爲收回八一七醫院而和台大師生一起靜坐抗爭、爲台大校長應該持守的份際、應該努力的方向奮力不懈……，沒想到，就這樣十二年已經如飛而去。回顧這一段不算短的日子，我所掛慮的無一不是如何讓台大的校政更新提升，台大在學術、教育、服務各方面能更加精進，好使台大能成爲永續經營的世界一流學府。

在台大的校史上，我是迄今任期第二長的校長，這期間台大從當年的二萬人，成長爲學生人數突破三萬、專任教師高達兩千人的一流大學。自然科學領域學術論文由一千兩百篇，增加爲兩千五百多篇，社會科學論文也大幅成長四倍。

在教學方面，我以三大方向來謀求教學品質的改進，那是——豐富教學內涵，包括加強基礎核心課程、廣設跨領域學程、推動非同步網路與遠距教學課程；協助教師增進教學技能，包括建置台大課程網、擴充教學設備與資源；及透過評鑑激勵教學成效，包括實施教學評鑑、設立教師教學優良及傑出獎等。

我和我的團隊一方面增建校舍並籌劃新校區，一方面積極收回校產，同時綠化校園，改善校園景觀、興建停車場，並讓杜鵑花節、台大藝術季、醉月湖音樂會等活動，茁壯成爲校園內外的藝文盛會。多管其下的結果，讓台大在保有傳統精神之外，又呈現了開創、嶄新的面貌。

我同時推動台大行政效率及品質的提升，進行學校各項業務的改革。對於許多校產的使用，藉由BOT方式委外經營，使整個經營管理更見績效。另外，爲了充實校務基金，透過辦理校慶餐會、成立美國基金會、建立校友聯絡網等方式，募款將近三十億元。

此外，台大與一七〇所大學簽訂了學術合作協議，積極參與多個區域和世界性大學組織，並透過開設英語教學課程、與國外大學合授雙博士學位等機制，來營造有利之學習環境，吸引優秀之外國學生來台大深造，目標在於能躋身世界一流大學之林。

爲了培養「眞正的現代知識分子」，可以兼具知識和情操兩方面的高度，這十二年來，我努力重建校園文化、維護大學自主、追求眞理、關懷社會，積極發揚台大精神，不斷以校訓「敦品勵學，愛國愛人」和全體台大師生共勉。

我最後一次以校長身分站在畢業典禮的講臺上，凝視每一張青春閃耀的臉龐，曾經我也是他們中間的一位，對未來有無限的憧憬和鬥志。

我提醒同學們：「不論自然世界或是人類社會都是一個有機整體，必須重視『均衡』發展。」台下一雙雙明亮的眼睛望著我。我繼續說：

「一所理想的大學必須在教學與研究、專業與通識、科技與人文、內在與外在、本土與國際間取得平衡。在個人方面，則需要重視精神與肉體、事業與家庭、投資與消費、工作與休閒等等的『均衡』……。」

我衷心希望，台大人在追求卓越之外，藉著對「均衡」的認識和實踐，可以為國家社會提供更好的服務，同時也與國際進行更深入有效的合作，積極來參與、引領世界邁向更為生機蓬勃的和諧關係。

一路走來，始終如一

二〇〇五年六月二十二日，我帶著歡欣和激動的心情，參加校長交接典禮。我刻意穿上十二年前接任校長時的同一套西裝，和台大師生道別。穿同一套西裝要傳達的意思是：我全力做好台大校長，一路走來，始終如一。

還記得，當年校長遴選委員李遠哲曾經問我：

「你是知名外科醫師，爲什麼要來當校長？你是不是只想當一任，過個水，拿了頭銜就離開，把台大校長當跳板？」

我回答李遠哲，一旦當上台大校長，就會當成終身的志業，全心投入，有始有終。我沒有食言，這十二年間，我歷經七任教育部部長及三次總統大選，和台大師生一起面對國內政治、經濟、社會、文化的劇烈變動；教育資源的緊縮；學科急速增加；四面而來的激烈競爭等影響，也經驗了國際上的強國易位、族群激化、民族主義熾盛、能源物資缺乏等衝擊，以及全新的「知識經濟」、「資訊化」、「全球化」的挑戰。

我婉拒參選副總統，也拒絕爲兩黨候選人站台背書，遇到任何選舉，都不允許政治勢力進入校園，所有壓力和社會的紛擾都擋在校外，力保校園的安定和諧。

十二年任期劃下句點。我揮一揮衣袖，對大家說：

「上台是偶然，下台是必然。」

十二年對個人而言或許不短，但是對台大的長遠發展而言，不過是箇中一個環節。之前所記錄的種種過程、事件，如果可以具有一些奠基或起步的功能，對我已是足堪告慰了。

我最感珍惜的經驗是，能在台大校長任內，和深具世界一流潛力，優秀熱心、非凡卓越的台大人共處，大家相互激盪、集思廣益，凝聚了眾人的智慧和心血結晶，互勵共勉、努力向前，和台大一起進步。我躬逢其盛，眞是何等榮幸！也深感光榮！

在交接典禮上，我正式將校長的棒子交給了繼任的李嗣涔。李校長曾是我的教務長，當年我對他並不熟識，只知道他年輕有爲能力強，於是我便邀他出任教務長。他多次對外表示非常驚訝我會如此信任他，事實證明我的眼光完全正確。

卸任後的生活

台大校長卸任後，我回到醫學院，繼續從事自己一貫的醫學研究和教學，也獲推薦擔任台大景福基金會董事長，陳拱北預防醫學基金會董事長等職。兩年後的二〇〇七年一月底，我正式從台大退休。我很認眞的告訴香洋：

「我退休就是退休，不會去從政或做些不是自己專長的事。」

因爲家裡添了孫子，我一心預備享受居家生活、天倫之樂。

沒想到這一年的初夏，國民黨爲了副總統候選人的提名傷透腦筋，離國民黨預定要發布人選的時間已經不遠。葉金川先以電話約定來拜訪我後，六月十四日上午十點左右他帶著金溥聰到我的研究室，希望我擔任馬英九副手。我當時便告訴他們：

「我覺得自己不適合，我也不懂得選舉。雖然我是『民選校長』，但學術選舉很單純，和政治選舉差很多，你們一定可以找到更懂政治的人當副手。」

金溥聰請我再考慮看看，還說如果我同意，馬英九就會來拜訪我。

我仍然拒絕了。

我說：「時間已經非常緊迫，還是快點找別人吧，我再怎麼考慮，答案都是不。」

六月二十一日，自由時報刊登一則消息「列車載溫情，名醫救命記」，說我廿九年前曾在火車上救了一名因癲癇症發高燒、抽筋、眼睛翻白的十個月大女嬰，當年車上無助的母親賴映華，同時是台灣漆藝大師賴高山的女兒，廿九年來不敢忘記我救了女兒鄭佳汶的恩情，期盼能親口向我致謝。

記者是在偶然間得知這件往事而來向我查證。說實話，作為醫生在火車、飛機上救人是常有的事，我早已記不清楚，更不會特別記下病人的名字，但當記者告訴我細節時，我回想起來，的確有這麼一回事。

那是我在台大當主治醫師的時候，因為建教合作，科裡安排我們到相關醫院去支援，我被派到苗栗市的新生醫院，每周一次要坐火車到苗栗行醫。

三月上旬這一天，賴映華女士決定把經常發燒、才十個月大的女兒鄭佳汶，從台北送回台中給母親照顧。小嬰孩突然在火車上抽筋、眼睛翻白、臉色也漸漸發黑，賴映華嚇得大叫，火車上服務人員立即廣播詢問車上是否有醫護人員，請求協助處理。

當時我剛好坐在同班火車上，聽到車上廣播後，立刻從別的車廂趕來，先拿東西讓女嬰咬住，接著要求服務人員提供冰塊，解開嬰兒身上的衣服，再用冰水擦拭其身體，不一會兒小嬰兒便恢復了正常。

賴映華知道我要在苗栗下車，就跟我到新生醫院，我一邊看診、一邊觀察小嬰兒的情況，認爲沒有問題之後，隨即遞了一張名片給賴映華，告訴她：

「孩子沒事了，不用擔心，可以回去了！」

我隨後就淡忘這件事。沒想到，賴映華卻一直長記心中，當她看到我完成忠仁、忠義的分割手術後，一度想贈送花籃向我祝賀，卻又怕我根本不知她是誰而作罷。

佳汶因癲癇症而影響智力和生活自理能力，這卅年來，在母親悉心照料下，活得努力、開朗，並向母親學會「千層堆漆」的工藝技法，以此作爲謀生技能。賴映華總不斷地提醒佳汶：

「陳維昭醫師是你的救命恩人！」

報紙說，佳汶挑選出自己最得意的千層堆漆作品，希望有一天能親手送給「陳伯伯，跟他說謝謝！」

我知道後覺得很不好意思，相信許多醫師常遇到類似狀況，也都會及時處理，不值得大書特書。

這則新聞見報時，正是國民黨即將正式公布人選的前一、二天，這時，又有人傳出國民黨已確定我為副總統候選人，媒體紛紛打電話向我查證，我當然只能否認。

不過，當時謝長廷陣營得到的情資，仍是馬英九要找我當副手，因此他們透過與我很要好的朋友來勸阻我，朋友表示謝陣營非常擔心，因為我從未從政，政治上是一張白紙，未來在攻防戰上，他們不曉得要採取什麼策略。

二〇〇八年第二次政黨輪替，馬英九先生以高票當選了總統。五月二十日就職後，國家在許多重大政策的方向上有所調整。這一年六月，發生台日撞船事故，起初日方堅持不道歉，只肯表示遺憾，引發國人強烈不滿，駐日代表許世楷後來提出辭職，馬總統急於找尋替代人選。

有一天，海基會董事長江丙坤打電話約我見面，電話中說他受人之託，徵詢我有無意願當駐日代表，想約我當面談，我一聽便說在電話裡講就好了。

我問他：「怎會想到我啊？」

我當時心裡想，他們該不會知道我大學時代考過外交官領事官檢定考試吧？難不成終於有人要找我當外交官了？

由於我之前曾拒絕當馬英九的副手，這次不好意思馬上拒絕，因此沒有立即給江丙坤明確的答覆。

後來蘇起約我見面，我還是沒有當面拒絕，避免人家以爲我不領情。我只說：

「我還要了解一下自己是否適任。」

兩天後我去電向蘇起表示：

「現在我兒子和媳婦要出國進修，留下一個剛出生不久的孫女在國內，需要我和太太幫忙照顧，因此這期間無法離開台灣。」

蘇起幾天後再度約我見面，仍希望我接駐日代表，我基於家庭因素，還是拒絕了。蘇起說：

「除非你幫我找到更適合的人，才能拒絕。」

當時我曾經推薦人選。不過，馬總統仍不死心，又找我當面談，認爲家庭因素可以克服。我告訴總統，現在以家庭爲重，婉轉的拒絕了。他要我再回去考慮幾天看看，我明白告訴他，答案不會變，請他快點另謀人選，不要再浪費時間，他才放棄了。

雖然我已經從台大校長卸任了，但是曾經身爲台大校長，我深知有許多事要有所爲有所不爲。

唯有堅持、無欲、不爲自己考慮，才不會毀了台大校長的清譽。這也是我一直銘記在心，努力堅持的目標。

今年二月間，我應台大福智青年社同學的邀請，去屏東大仁科技大學參加全國大專教師生命成長營，除了探視同學還參加最後的總檢討會，在會議即將結束前，突然有位青年人站起來請主持人給他二分鐘時間讓他說話。大家不明白怎麼一回事，沒想到上台後對方開口說：

「我剛剛聽主持人說有陳維昭先生在場，所以我一定要藉此機會親自表達我的感謝。謝謝他救我一命。」

原來這位開南大學的老師小時候因車禍肝臟裂成兩半，在緊急手術後人救了回來。經他這麼提起，讓我想起當年的往事。事隔二、三十年，遇到這種場景，心中的感覺不是言語可以形容的。

談到醫病之間的互動，還記得有一位澎湖的小學校長呂先生，女兒讀國小時，長期爲腸子蠕動不良所苦，開刀也查不出什麼毛病，後來經過我長期施以靜脈營養，她的情況大有改善，呂校長每次上台北，就會來找我聊聊，並帶來當地的海產，專程送到家裡，一直到他女兒出嫁，他本人退休爲止。

有一次，我從中部要回台北，在火車站門口，有位多年前的患者的爸爸，不知道從哪裡打聽到我那一天會搭那班火車，拎了一個籠子裡面裝了一隻雞來表示謝意。雖然我帶著雞，雞在火車上咯咯叫個不停，引來乘客的異樣眼光，讓我頗爲尷尬，但是一想到這是患者家屬的心意，也就欣然接受，歡喜帶回家了。

大約在二十多年前，住苗栗頭屋鄉的陳姓家族，他們家大業大，剛出生的獨生兒子患有無肛症，因此心情無比焦慮。後來經過轉介到台大，我順利地開刀成功之後，我們兩家也從此建立了很好的交情。我多次應陳家之邀到苗栗作客，陳家人也常到台北來見我。每逢過年過節，病患的祖父陳老先生親自開著豪華的賓士轎車，載著自家栽種的幾顆大西瓜、青菜水果，專程到醫學院來要他們轉交給我時，都會引起大廳警衛們的好奇。

大家熟知的忠仁、忠義兩兄弟，也一直和我保持聯絡。這些年來，類似這樣超越醫病關係的情誼，都是我十分珍惜的，我的退休生活也因此更覺豐富、充實。

到了假日，我經常和太太、三五志同道合的好友一起爬山，之後在山裡吃些當季野菜蔬果，眞覺得再好的日子也不過如此。在家和家人閒話家常，逗弄可愛的孫兒、孫女，也是我深爲喜愛的快樂時光。有人說，退休生活需要三個S（Simple簡單、Slow慢活、Sharing分享）我十分認同。美滿的家庭和有志同道合的好友相伴，讓我的生活充滿了動力和喜悅。其實，我相信簡單自在的秘訣無他，就是上台全力以赴，將心神發揮得淋漓盡致，下台就全部放下，不要瞻前顧後，人生的風景其實是非常美麗的。

陳維昭回憶錄：在轉捩點上

2009年10月初版　　定價：新臺幣320元

口　　述　陳維昭
整　　理　毛瓊英
發行人　林載爵

出版者　聯經出版事業股份有限公司
地址　台北市忠孝東路四段555號
編輯部地址　台北市忠孝東路四段561號4樓
叢書主編電話　(02)27634300轉5046、5053
總經銷　聯合發行股份有限公司
發行所：台北縣新店市寶橋路235巷6弄6號2樓
電話：(02)29178022
台北忠孝門市：台北市忠孝東路四段561號1樓
電話：(02)27683708
台北新生門市：台北市新生南路三段94號
電話：(02)23620308
台中分公司：台中市健行路321號
暨門市電話：(04)22371234ext.5
高雄辦事處：高雄市成功一路363號2樓
電話：(07)2211234ext.5
郵政劃撥帳戶第0100559-3號
郵撥電話：27683708
印刷者　文鴻彩色製版印刷有限公司

叢書主編　黃惠鈴
編　　輯　王盈婷
　　　　　呂淑美
　　　　　劉力銘
校　　對　趙蓓芬
封面設計　李韻蒨
封面攝影　許斌
內文排版　陳巧玲

行政院新聞局出版事業登記證局版臺業字第0130號

本書如有缺頁，破損，倒裝請寄回聯經忠孝門市更換。　ISBN　978-957-08-3482-6（軟皮精裝）
聯經網址：www.linkingbooks.com.tw
電子信箱：linking@udngroup.com

國家圖書館出版品預行編目資料

陳維昭回憶錄：在轉捩點上/ 陳維昭
口述．毛瓊英整理．初版．臺北市：聯經．
2009年10月（民98）．320面＋16頁彩色．
14.8×21公分．
ISBN 978-957-08-3482-6（軟皮精裝）

1.陳維昭 2.台灣傳記 3.回憶錄

783.3886 98018631